新装版

スペイン サンティアゴ 巡礼の道

聖地をめざす旅

Camino de Santiago

The Pilgrims' Way to
Santiago de Compostela

Reiko Takamori

髙森玲子

実業之日本社

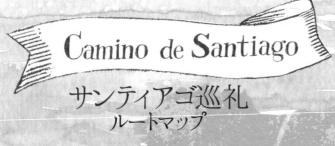

Camino de Santiago

サンティアゴ巡礼
ルートマップ

Muxia
ムーシア

Finisterre
フィニステーレ

Monte do Gozo
モンテ・ド・ゴッソ

Lavacolla
ラバコージャ

Arzúa
アルスーア

Palas de Rei
パラス・デ・レイ

Mélide
メリデ

Triacastela
トリアカステーラ

Portmarin
ポルトマリン

Sarria
サリア

O Cebreiro
オ・セブレイロ

Las Herrerías
ラス・エレリーアス

Cruz de Ferro
鉄の十字架

Villafranca del Bierzo
ビジャフランカ・デル・ビエルソ

Ponferrada
ポンフェラーダ

Foncebadón
フォンセバドン

Astorga
アストルガ

Mansilla de las Mulas
マンシージャ・デ・ラス・ムーラス

León
レオン

El Burgo Ranero
エル・ブルゴ・ラネーロ

Santiago de Compostela
サンティアゴ・デ・
コンポステーラ

ガリシア州

カスティージャ・イ・レオン州

はじめに

　今から千年以上も昔、星の光に導かれて見いだされた、聖地サンティアゴ・デ・コンポステーラ。スペインの西の果てのその地に、聖ヤコブの眠る墓があるという。サンティアゴ巡礼は、カトリック三大聖地のひとつをめざす旅だが、その800キロに及ぶ道には、遠い東の果ての私たちをも惹きつける、不思議な力がある。その正体が何なのか——ホタテ貝をリュックにぶら下げ、時にはおいしいワインをお供に、星の野原（コンポステーラ）をめざす旅に出発！

※聖ヤコブは、キリストの最初の弟子の一人（→P98を参照）。スペイン語ではサンティアゴ（Santiago）、英語ではセント・ジェームズ（St. James）、フランス語ではサン・ジャック（St. Jacques）
※カトリックの三大聖地は、エルサレム、ローマ、サンティアゴ・デ・コンポステーラ

St.-Jean-Pied-de-Port
サン＝ジャン＝
ピエ＝ド＝ポー

Roncesvalles
ロンセスバージェス

Orisson
オリソン

Alto del Perdón
ペルドン峠

Burguete
ブルゲーテ

ピレネー越え

Calzadilla de la Cueza
カルサディージャ・デ・ラ・クエッサ

Santo Domingo de la Calzada
サント・ドミンゴ・デ・ラ・カルサーダ

Sansol
サンソル

Fuente de Vino
ワインの泉

Pamplona
パンプローナ

Sahagún
サアグン

Carrión de los Condes
カリオン・デ・ロス・コンデス

Puente la Reina
プエンテ・ラ・レイナ

Alto de Mostelares
モステラーレス峠

Nájera
ナヘラ

Estella
エステージャ

Frómista
フロミスタ

Cirueña
シルエーニャ

Logroño
ログローニョ

Los Arcos
ロス・アルコス

Burgos
ブルゴス

ラ・リオハ州

ナバーラ州

Itero de la Vega
イテロ・デ・ラ・ベガ

Castrojeriz
カストロヘリス

Camino Francés

フランス人の道

Paris
パリ

Vézelay
ヴェズレー

FRANCE

Le Puy
ル・ビュイ

Santiago de Compostela
サンティアゴ・デ・
コンポステーラ

St.-Jean-Pied-de-Port
サン＝ジャン＝
ピエ＝ド＝ポー

Arles
アルル

Somport
ソンポルト

Puente la Reina
プエンテ・ラ・レイナ

SPAIN

PORTUGAL

フランスのパリ、ヴェズレー、ル・ビュイ、アルルから
つながる道で、フランス方面からの巡礼者がサンティ
アゴをめざすルートを「フランス人の道」という。サ
ン＝ジャン＝ピエ＝ド＝ポーを出発点に、ピレネー
を越えてスペインに入る。現在、最も巡礼者の多い道
である。本書では主にこのルートを紹介する（ほかの
道については P102-103 を参照）

目次 *Contents*

第3章　水と緑のガリシアへ

第4章　聖地までのラスト100km

第5章　巡礼の知識あれこれ

カミーノ・デ・サンティアゴ Camino de Santiago
スペイン語でサンティアゴ巡礼の道。「道」を意味するカミーノだけでも巡礼道をさす

サンティアゴ Santiago
スペイン語で聖ヤコブのこと。また巡礼者がめざす聖地、サンティアゴ・デ・コンポステーラの略でもある（→P98）

ブエン・カミーノ Buen camino
「よき巡礼を！」という巡礼者同士のあいさつ

ペレグリーノ peregrino
巡礼者。女性の巡礼者はペレグリーナ（peregrina）

黄色い矢印
巡礼者を導くサイン。看板のほか、建物の壁や道路の上、木の幹などにも描かれている。サンティアゴまでの距離数などを示す道標（モホン mojon）も頼りになる

バル bar
お酒を飲むだけでなく、食事やお茶もできるカフェ的な存在。巡礼中は道沿いのバルで軽食をとったり、トイレ休憩したりする

アルベルゲ albergue
巡礼者専用の宿。公営のムニシパル（municipal）と私営のプリバーダ（privada）がある。アルベルゲの管理人・世話役はオスピタレーロ（hospitalero）、女性の場合はオスピタレーラ（hospitalera）（→P107）

クレデンシアル credencial
巡礼手帳。巡礼者のパスポートといえるもので、道中押したスタンプ（セージョ sello）が巡礼達成の証明になる（→P100）

コンポステーラ compostela
巡礼達成証明書。サンティアゴ・デ・コンポステーラの巡礼事務所でいただく（→P101）

左はサンティアゴ大聖堂の巡礼事務所の公認巡礼手帳。右は日本の熊野古道との共通巡礼手帳（→124）

第 *1* 章

国境を越えて星の道へ

バスクの伝統を感じるフランスの国境の村から、この特別な旅は始まる。ハイライトはなんといってもピレネー越え。霧の立ちこめる山道を上っていると、「ブエン・カミーノ」と励ましの声がかかり、自分が巡礼者となったことを実感する

国境の村から巡礼をスタート！

サン=ジャン=ピエ=ド=ポー
St.-Jean-Pied-de-Port

シタデル通りはアルベルゲや教会、土産物店が軒をつらね、そぞろ歩くのも楽しい。バスクの伝統模様をあしらった小物は、道中ここでしか買えないお土産。装備がひととおりそろう店もある。グッズが所狭しと並び、巡礼気分が高まってくる。レストランを除き、お店は19時頃には閉まるので、水や食料などの買い出しは早めに！

巡礼手帳を購入する際には名前や住所、パスポート番号を登録して、スタート地点のスタンプをもらう。巡礼事務所ではピレネー越えのルートマップやパンフレットなどがもらえるほか、サン＝ジャンでの宿泊や今後のスケジュールの相談にものってくれる。翌日からの巡礼の不安はここで解消しよう。メインはフランス語だが英語も通じる

ホタテ貝は巡礼のシンボル
リュックにつけて出発〜！

バイヨンヌからローカル列車に揺られて約１時間。巡礼の出発点サン＝ジャン＝ピエ＝ド＝ポーは、バスクの伝統が色濃く残る美しい村だ。白い壁に赤や緑の木枠が鮮やかな家並みは、まるで童話の世界に迷い込んだようで、特別な旅がすでに始まっていると感じる。巡礼事務所は城壁をくぐった先を横切る石畳の坂道、シタデル通りを上って左手にある。ここで巡礼手帳にスタンプを押し、正式に巡礼者の仲間入り。夜に日本を発ち、翌日の午後から歩き始めることもできるが、長旅に無理は禁物。村の風情を満喫しつつ、ゆっくり１泊。朝早くにスペイン門をくぐり、いざ巡礼スタート！

ブルーの配色がおしゃれなサン＝ジャンの巡礼友の会のマーク。このロゴ入りTシャツやバンダナも売っている

サン゠ジャン゠ピエ゠ド゠ポーの宿とグルメ

Hôtel & Gourmet

シタデル通りにはアルベルゲやゲストハウスが、城壁外の川のほとりにはホテルやレストランが並んでいる。山あいなので21時過ぎには閉まってしまうレストランも多い。夕食は簡単にすませて寝たい場合は、村の食料品店でハムやパンなどを早めに購入しておくといい。

バスクらしい宿に泊まりたいならこちら。部屋から街並みやピレネーの山々を眺められる。城壁内にあるので巡礼事務所も近くて便利。朝食はパンプディングやクロワッサンが並ぶビュッフェスタイル

🏠 **DATA**
ロジス・オテル・ラムンチョ
Logis Hôtel Ramuntcho
TEL：559-370-391

世界中の美食家の注目を集めるバスク地方。この村でぜひ食べておきたいのはバイヨンヌの特産品でもある生ハム（ジャンボン Jambon）や鴨肉（カナー Canard）。生ハムはベーコン風に焼いて出されることも。巡礼前夜の乾杯は、地元イルレギー産のワインで。ロゼや赤が有名で、鴨肉によく合う

塩味のよく効いた
バスク名産の生ハム

息をのむ雄大な自然のパノラマ

ピレネー越え
De Los Pirineos a España

歩くのはキツいけど
眺めは最高！

意気揚々と歩き始めた巡礼者を、初日に待ち受けているのが巡礼最大の難所ピレネー越え。かなりの体力そして気力が必要だが、歩いた人だけが味わえる絶景は一生の思い出になる。ルートは2つあり、おすすめはオリソンを経由してベンタルテア峠、レポエデール峠と越えていく山道。シャルルマーニュ大帝やナポレオンも通った由緒ある道だが、冬季は雪で危険が伴う。もう1つはバルカルロスを通ってイバニェタ峠に至る新道。車用の道だが、悪天候の場合はこちらが安全。

早朝から歩き続けて、ようやく山小屋が見えてきたうれしさは格別！
レフュージュ・オリソン（559-491-303）

　　サンジャンから約8キロ地点のオリソンには、レストランを備えたかわいい山小屋がある。一気にピレネーを越えるのが厳しい場合はここで1泊できるが、ベッド数は28とあまり多くないので事前予約が必須。この先、約18キロは休憩所のない山道が続くので、しっかり休んで、水や食料も確保しておきたい。ベンタルテア峠の手前には巡礼者供養のケルンの十字架があり、ここから舗装なしの山道に入る。フランスとスペインの国境を越えると、ナバーラ州の大きな石碑が迎えてくれる。森を抜けて山道を上りきると、ピレネー越え最高地点のレポエデール峠だ。

アーモンドと卵の甘さがやさしいバスクケーキでエネルギー補給。テラス席近くにヤコブ様が見守る水飲み場があるので水筒に水を入れておこう

オリソンから1時間ほど山道を行くと、岩の上にマリア様が。巡礼の道中たくさんの教会やマリア像に出合うが、これほど雄大な場所にたたずむ姿を拝めるのはここだけ。ベンタルテア峠近くまでは、広大な牧草地で牛や羊がのんびり草を食むのどかな風景が続く

ここからいよいよ
本気の山越え！

¡Buen camino!

山は霧が多くいくつか分岐点もあるが、黄色い矢印を目印に歩けば迷うことはない

レポエデール峠は標高1430m。夏でも寒いので防
寒具は必携。峠ではWi-Fiも入る。あとは下るのみ
だが、石で滑りやすいので、ストックをうまく使って
一歩一歩着実に進もう。ロンセスバージェスまでは、
木漏れ日が降りそそぐ幻想的な森の中を抜けていく

修道院とローラン伝説の残る村
ロンセスバージェス
Roncesvalles

　ピレネーを越えて最初にたどり着くのが、フランス最古の叙事詩『ローランの歌』の舞台として知られるロンセスバージェス。敬虔（けん）な雰囲気の漂う村で、巡礼者のための宿やバルもある。村の中心の大きな修道院は、古くから巡礼者の救護院で、現在はアルベルゲとして使われている。敷地内の巡礼事務所でスタンプをもらう場合は、アルベルゲに泊まらない人も名前や住所を記入する必要がある。修道院付属の聖マリア教会では、巡礼者のためのミサも行われている。

サン・ニコラス教会を中心に、巡礼道沿いに小さな宿や家が並び、道ゆく巡礼者も絵の一部のようだ。巡礼道は教会の先を右へそれて旧道へ進む

ヘミングウェイの定宿がある村

ブルゲーテ

Burguete

　バスク地方らしい家並みの続く趣のある村。オスタル・ブルゲーテは文豪ヘミングウェイがマス釣りの際に泊まった宿で、サインや写真が残されている。料理も素朴でおいしい。なおマス釣りをした川は村から数キロ離れているので、巡礼のついでに立ち寄るのは難しい。食料や日用品の買い出しは、村の入り口手前のスーパーを利用するといい。

🏠 DATA
オスタル・ブルゲーテ
Hostal Burguete　TEL：948-760-005

Column
Buen Camino

安い早いおいしい！ 巡礼の強い味方

「巡礼メヌー」とは？

スペイン語で「メヌー」とは定食のこと。巡礼道沿いのバルやレストランでは、通常のメヌーよりさらにお得な巡礼者用の定食、メヌー・ペレグリーノ（Menú peregrino）を提供していることが多い。これもホスピタリティーあふれるサンティアゴ巡礼文化のひとつ。前菜、メイン、デザートの3皿にハウスワインがついて12ユーロ前後！

景気悪化の影響で、巡礼メヌーの料理やワインの量が減っているという話もあるが、それでもボリューム満点。食べきれそうにないからといって単品で頼むとかえって高くつくので、このメヌーを上手に活用しよう。

第1の皿・前菜

サラダやパスタ、スープなど。なぜか「ロシア風サラダ」と呼ばれるポテトサラダも定番。これだけで満腹になりそう

第2の皿・メイン

肉や魚料理。肉にはたっぷりポテトフライがつきもの。スペインでは目玉焼きやオムレツなど卵料理がメインにくることも多い

第3の皿・デザート

左からタルタ・デ・サンティアゴ（アーモンドケーキ）、クァハーダ（ミルクプリン）、フラン・カセーロ（自家製プリン）。いずれも定番

¡Buen provecho!

メヌー文化に乾杯！

巡礼道で最初の大都会

パンプローナ

Pamplona

パンプローナ（バスク語でイルーニャ Iruña）はヘミングウェイの『日はまた昇る』の舞台となった町。中心部のカスティージョ広場に面したカフェ・イルーニャは、彼が通っていたカフェ。店内はアールデコ調のエレガントな雰囲気。具だくさんのトルティージャ（スペイン風オムレツ）やピンチョスがずらりと並び、味も抜群。定宿だったオテル・ペルラにも泊まってみたい

¡¡Delicioso!!

　古代ローマの将軍ポンペイウスによって栄えたパンプローナは、ナバーラ州の州都。巡礼道で最初の大きな町だ。毎年7月6日から14日まで開催される牛追い祭り（サン・フェルミン祭）が世界的に有名。期間中は宿も取りにくくなるので注意。18世紀に建てられたバロック様式の市庁舎は、町のシンボル的存在で、牛追い祭りの開会宣言も行われる。名物のコーヒークリームキャラメルは、牛乳を煮詰めてコーヒーエキスを加えて熟成させる伝統菓子。

いくつかのメーカーから出ている。飴（あめ）のように固いので、真夏以外は巡礼のお供におすすめ。

街のいたるところで牛追い祭りグッズを見かける。代表が赤いバンダナ。柄は牛追いや、ナバーラ王国の国旗など

サンタ・マリア大聖堂近くのアルベルゲ。黄色いホタテ貝が目印。巡礼の荷物運搬の車も黄色！

悪魔が旅人を試すといわれる

ペルドン峠
Alto del Perdón

¡Qué duro!

久々の世俗的な都会で、敬虔さを一瞬忘れた巡礼者に次なる試練が待っている——といってもピレネー越えのような難所ではない。パンプローナから14キロほど歩くと、標高780mのペルドン峠にさしかかる。霧の名所として知られ、時には濃霧が視界を真っ白におおって、巡礼者を不安に陥れる。ペルドンとは「許し」の意味。この峠には「悪魔が信仰を試す」という伝説があるが、「巡礼者の怒りや悲しみ、しがらみを手放す道」ともいわれている。許されて霧が晴れると、巡礼者の銅板モニュメントが現れる。定番の記念撮影スポットだ。眼下には麦畑が広がり、さえぎるものなくナバーラの平原が見渡せる。下りは石ころが多く急なので、気を抜かずに！

ナバーラ名物・風力発電の風車。ビュービューと迫力ある音がとどろく横を過ぎて峠へ

巡礼者を見守る王妃の橋

プエンテ・ラ・レイナ
Puente la Reina

ペルドン峠から約10.5キロ、「フランス人の道」とアラゴンルート（P102参照）の合流地点にある村。サンティアゴへ向かう道は、ここからひとつになる。巡礼道でもあるメインストリートのマヨール通りには、中世の時代に建てられたサンティアゴ教会や、石造りの邸宅が並ぶ。村の名は「王妃の橋」という意味で、11世紀にナバーラの王妃が巡礼者のために造った橋がその由来。この橋ができるまで、巡礼者はピレネーを越えた疲れた体で、大きなアルガ川を迂回（うかい）して進まなければならなかった。ロマネスク様式の美しい石橋は今でも村のシンボルであり、長い巡礼道の中でも特に人気の高い場所となっている。

窓辺に飾られた花が愛らしい、中世の雰囲気を楽しめるマヨール通り。ロマネスクの世界を壊すことなくバルやカフェがひっそりたたずむ

星という名の美しい町

エステージャ

Estella

（右）バスク名の「リサーラ」も併記（左）丘の上に建つサン・ペドロ・デ・ラ・ルーア教会には美しいロマネスクの回廊が

エガ川にかかるカルーセル橋を渡った先のマヨール通りにはバルやレストラン、スーパーや衣料品店などが並び、地元の人の生活に触れることができる

しゃれた巡礼グッズを旧市街で発見！

早朝の太陽を背に受け、西をめざす巡礼者。白茶色が特徴のエステージャの石壁も幻想的に輝く

　流れる星に導かれ、羊飼いがこの地でマリア像を発見したという伝説が、エステージャ（星）という名の由来。中世の巡礼案内には、この町のパンやワインの素晴らしさ、肉や魚の豊富さが記されている。巡礼道が通る旧市街には、教会やナバーラ王宮など歴史的建造物が多く残され、サン・マルティン広場の後ろにそびえる磐座（いわくら）が、なんとも神秘的な雰囲気をかもし出している。現在は美術館となっている王宮の横に観光案内所があり、スタンプももらえる。

エステージャの宿とグルメ

Hotel & Gourmet

名物チョコレートのロカ・デ・プイ

大きめナッツ入りで美味。量り売りもある。マヨール通りの菓子店で

古くからの宿場町らしく、小さな町にホテルやオスタル、ゲストハウスなどさまざまなタイプの宿がひしめく。キッチンや洗濯機付きで自宅のようにくつろげるアパルトメントホテルもおすすめ。空に星が輝きだしたら、中世の巡礼案内が称えた美酒と美食を求めて、町に繰り出そう。

清潔で設備も充実したアパルトメントホテルは、巡礼者の強い味方。チェックインの時間にオーナーから鍵をもらうシステムが一般的。人気の宿は早いうちから埋まってしまうので、事前予約が必須

赤い看板がアパルトメントホテルの目印

ルーア通りのアルベルゲ向かいのカフェ。ここで朝食を食べる巡礼者が多い。定番のトルティージャも食べごたえがある。晴れた日にはエガ川をのぞむテラス席で

📍**DATA**
バー・ラ・ルーア33
Bar La Rua 33
TEL：948-555-133

地元素材を生かした味に自信あり！

ナバーラ州の郷土料理で知られた老舗レストラン。近年はフュージョンメニューも提供して人気を博している。1階のバルで生ハムをつまみに軽く飲むこともできる

📍**DATA**
カサノバ
Casanova　TEL：948-552-809

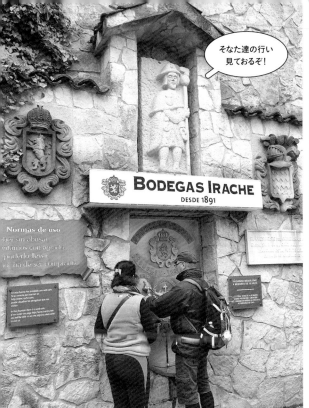

そなた達の行い
見ておるぞ！

BODEGAS IRACHE
DESDE 1891

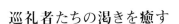

FUENTE DE VINO

看板が示す方向へ行くと、石造りの壁に2つの
蛇口が。左が赤ワインで右が水。水筒のような
ものを持ちこんでいる人もちらほら見かけるが、
1人1杯のマナーはわきまえたいところ。泉の上
ではヤコブ様も見守っている

貝がコップ代わりに！

巡礼者たちの渇きを癒す
イラーチェ（ワインの泉）
Irache：Fuente de Vino

　蛇口をひねると赤ワインが出てくる「ワイン
の泉」。地元ワイナリーのボデガ・イラーチェ
社が巡礼者たちの無事を祈って、無償でワイ
ンを提供している。1991年の設置以来、すっ
かり巡礼者たちのお楽しみスポットに。右の
蛇口からは水が出るので、アルコールがダメ
な人はこちらで泉を体験できる。泉が開いて
いるのは朝の8時から、その日のタンク貯蔵分
がなくなるまで。ワインの心地よい余韻を感じ
ながら、ブドウ畑が広がる巡礼の道に戻ろう。

イラーチェ修道院ではスタンプがもらえる。
開館は10:00 ～ 13:15、16:00 ～ 18:00

小麦畑の中をひたすら歩く

ロス・アルコスからサンソルへ

De Los Arcos a Sansol

ロス・アルコスからサンソルまでは小麦畑や牧草地が広がる一本道。カミーノらしい田舎道をひたすら歩く約7キロの間、バルもトイレも木陰で休むような場所もない。ロス・アルコス出発前に準備万端にしておこう。ついでにオテル・モナコのバルで地元の人たちに交じってコルタード（エスプレッソにミルクを少々）を一杯。時間が許せばサンタ・マリア教会の見学をぜひ。12世紀に建てられて以来、何度か改修を重ねているため、外観はロマネスク、内部はバロックと、ひとつの建物でさまざまな建築様式を見ることができる。

サンタ・マリア教会前の広場には、Wi-Fiの入るバルやカフェが並ぶ。テラス席は巡礼者でにぎわい、ついつい長居してしまう

「ブエン・カミーノ！」と声をかけながら、自転車が追い越していく。ふと見ると、化と白に飾られたモホンが。青々とした牧草に、黄色い矢印がよく映える。さえぎるものが何もなく、前を向くと進む道、振り返ると歩いてきた道がひたすら続く。一歩一歩進むごとに心が洗われていくような景色だ

長〜い長〜い一本道をひたすらひたすら

¡¡Hola!!

SANSOL

サンソルは丘の上の小さな村。眼下には、次に通るトレス・デル・リーオのノスタルジックな家並みが。サンソルから先は、ログローニョ手前のビアーナあたりまで、かなりアップダウンのある道が続く

リオハワインと美食三昧の都

ログローニョ

Logroño

ASOCIACIÓN RIOJANA DE AMIGOS DEL
CAMINO DE SANTIAGO
ALBERGUE DE PEREGRINOS
Tel. 941 260 234 · LOGROÑO

ブドウ畑を抜けてナバーラ州をあとにすると、ワインの名産地であるラ・リオハ州に入る。ログローニョはリオハの州都で、人口約15万の大都市。旧市街の路地には世界に名高いリオハワインが飲めるバルやレストランが並ぶ。ワインで料理の魅力がよりいっそう引き立つように、各店しのぎを削っておいしさを競う。美食の町を堪能するためにも、ここではぜひ1泊したい。毎年9月21日から1週間はリオハのぶどう収穫祭が開催される。

ケルト語で「一歩」を意味するグロニオが町の名前の由来という説も。一歩ずつ歩む石畳の巡礼道には、方向を示すホタテ貝が。町なかでもサインがあってわかりやすい

サンティアゴ教会の正面上部には、「サンティアゴ・マタモーロス（イスラム教徒と戦う聖ヤコブ）」の像が。ログローニョから20キロほど離れたクラビーホは、異教徒と戦うキリスト教徒を励ますため、白馬に乗った聖ヤコブが現れた場所。教会の中には、町の守護聖母エスペランサの像が祀られている

伝統の職人技が光る革製ワイン入れ

サガスタ通りにある「ボタス・リオハ」は山羊革の水筒ボタ（Bota）の専門店。4代続く老舗で、店内につるされた色とりどりのボタはすべて手作り。赤ワインや水を入れて巡礼中に持ち歩いたり、ワインの町ならではのお土産にいかが？

ログローニョの
宿とグルメ

Hotel & Gourmet

美食の都ログローニョでは、大聖堂周辺から名物バル街のラウレル通りにかけて、味自慢の店が集まっている。宿をこのエリアにとれば、時間を気にせずスペインの長い夜を満喫することができる。ただ深夜までにぎやかなので、静かに休みたい人は中心部を避けるのがおすすめ。

サガスタ通り沿いで、観光やバルめぐりには最高の立地。スタンプがもらえる公営アルベルゲも近い。ロビーには雑誌や新聞、巡礼者向けのチラシなどが置かれていて、ゆっくり情報収集できる。部屋はシンプルで過ごしやすい

🏠 **DATA**
オスタル・ラ・ヌマンティーナ
Hostal la Numantina
TEL：941-251-411

1

2

3

舌の肥えた地元の人たちに評判のレストラン 1) カレイのガーリックソテー。リオハではスタートから赤ワインを飲む人が多いため、野菜や魚料理も赤に合う味付けをしている 2) 名門ラモン・ビルバオの赤をボトルで。リーズナブルな価格帯のワインも多くてうれしい 3) メインのラム肉は素材のうまみを生かすシンプルな味つけ

🍴 **DATA**
アサドール・エルベンティア
Asador Herventia TEL：941-244-092

¡Salud!

宿とグルメ番外編

いざバルめぐり！　>>その1

ログローニョで絶対に外せないのがバルめぐり。個性豊かなバルが立ち並び、いつも深夜までにぎわっている。基本的に夜でも治安はいいが、狭い通りや店内に人があふれているので貴重品の管理はしっかりと。

> シエスタをたっぷり
> とったらバル街へGO

別名「象の小道」のラウレル通りは、リオハ随一のうまいもの横町。大聖堂近くのサン・ファン通りも有名。いずれも20時を過ぎると急に人が集まりだす。色鮮やかなピンチョスやタパスが並び、グラス片手に人々が行き交う様子はお祭りのよう。レストランが開くのは21時頃なので、その前にバルで1杯がお約束

> 夜はまだこれから！
> 次どこ行く〜？

タパスやピンチョスとグラスワインが計10ユーロ程度で楽しめる。上質なリオハワインがグラスで味わえるのも、ログローニョのバルの魅力。暑い日は冷えたガスパチョに、スペインビールをぐっと飲み干すのも最高！

> 楽しみは夜だけじゃない！
> 朝食もおいしいよ

甘いパプリカ入りのサンドイッチにコーヒーがついた朝食セット

ヘミングウェイが通ったレストラン

ラウレル通りのカチェテーロはヘミングウェイも愛した老舗レストラン。リッチな気分でゆったりとディナーを楽しみたい方はこちらへ

旅の気分を上げる！お土産にもピッタリ

かわいい巡礼グッズたち

土産物店やバル、教会、巡礼事務所など至るところで出合う巡礼グッズ。ホタテ貝や黄色い矢印模様が定番。ラインナップは土地や店によって個性があり、一期一会のモノも多い。巡礼装備の一部を現地調達すれば、荷物も減るし、巡礼気分も高まる！

スタート地点のサン＝ジャンで早速見つけてしまった中世巡礼者の置物

スタンプ模様がおしゃれなバンダナは、のびる生地で帽子にもなる。巡礼モチーフのトレッキング用靴下はロス・アルコスの雑貨店で

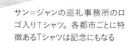

サン＝ジャンの巡礼事務所のロゴ入りTシャツ。各都市ごとに特徴あるTシャツは記念にもなる

ナップサックは身軽第一の巡礼生活で、超お役立ちの品。巡礼手帳入れは手帳や地図の防水に。首から下げればカバンから取り出す手間も省ける

色も形もいろいろ
集めたくなる！

ひょうたんは伝統的な水筒で巡礼のシンボルのひとつ。革製のボタ（P29）も味がある

人生に迷ったらモホンを見る

長い巡礼中、心の支えだったモホンをお持ち帰り～

かさばらないピンバッジやキーホルダーは定番土産。陶製ペンダントトップはオ・セブレイロのお店で

聖ドミンゴの町をめざして歩く

シルエーニャから
サント・ドミンゴ・デ・ラ・カルサーダへ

De Cirueña a Santo Domingo de la Calzada

ログローニョを出ると、グラヘラの森林公園やリオハらしいブドウ畑など、緑豊かな道が続く。ローラン伝説の残るサン・アントン峠、別名「赤い町」ナヘラ、小説『星の巡礼』にも登場するアソフラ村などを経てシルエーニャへ。ゴーストタウンのように静かで、時が止まったような村だ。ここからは、カミーノ道中随一の絶景エリア。さえぎるもののない牧草と麦畑の中に続く一本道をゆるやかに上っていくと、目線の先に聖ドミンゴの町が見えてくる。

役場前には水飲み場が。同じ通りにバルもありひと息つける。この先約6キロは日陰のない坂道が続く

緑のじゅうたんの中を、地平線までまっすぐ続く巡礼道。
風が吹き抜けるたびに心が軽くなり、ここを歩いた人にし
か味わえない感動がある。この景色の一部になるために
巡礼の旅に出るといっても過言ではない

聖ドミンゴとニワトリの奇蹟譚が伝わる

サント・ドミンゴ・デ・ラ・カルサーダ

Santo Domingo de la Calzada

　聖ドミンゴが森を切り開き、巡礼者のための橋や敷石の道（カルサーダ）を造って築いた町。その功績をたたえて「リオハのコンポステーラ」とも呼ばれている。中心部のサント広場には12世紀建造の聖堂やパラドール（P38参照）が鎮座している。特にバロック様式の鐘楼は必見。町のシンボルはニワトリで、無実の罪で絞首刑を宣告された青年を、丸焼きにされたニワトリが、いきなり生き返る奇蹟を起こして助けたという伝説が残っている。

聖ドミンゴ像の足元にはいつもニワトリが。
奇蹟を起こしたのも聖ドミンゴとされる

コケコッコー

聖堂の中には本物のニワトリが！ 美しい装飾が施された祭壇上部で大切に飼われている。アルベルゲの庭にも鶏舎があり、ニワトリがストレスで弱るのを防ぐために、数週間ごとに入れ替えられるという

幸運のシンボルを
召し上がれ♪

=3

=3

カルサーダの町は聖堂のステンドグラス、巡礼スタンプ、お土産グッズ、何からなにまでニワトリ一色。菓子店のウインドーには、かわいいニワトリ形のパイやチョコが並ぶ

スタンプも情報もお土産も
アルベルゲと観光案内所でゲット

マヨール通り沿いに、町の信徒団運営のアルベルゲがある。歴史を感じさせる石造りの入り口。中は広く設備も整っていて、スタンプや巡礼手帳、巡礼に関する情報が手に入る。並びには観光案内所があり、ここにもスタンプやお土産などが

憧れのパラドールに泊まる

パラドール・デ・
サント・ドミンゴ・デ・ラ・カルサーダ
Parador de Santo Domingo de la Calzada

　歴史的建造物を改装した高級ホテル「パラドール」。巡礼道沿いに5つあるうち最初の1つがここ。聖ドミンゴによって建てられた巡礼救護院が、当時の雰囲気はそのままに生まれ変わり、現代の巡礼者たちをもてなしている。石のアーチに囲まれたサロンが中世の世界に誘う。

1）もともとは聖ドミンゴの邸宅だった石造りの重厚な外観に、パラドールのロゴが映える 2）落ち着いた色調の部屋の窓からは、教会の鐘楼が見える 3）リオハワインが豊富にそろうレストラン。気軽に利用できるバーもある

Data
住　所　Plaza del Santo, 3, 26250 Santo Domingo de la
　　　　Calzada, La Rioja
電　話　941-340-300
U R L　http://www.parador.es/
〈予約・問い合わせ先〉イベロ・ジャパン
03-6228-1734　iberojapan@hola-espana.co.jp

¡Buen apetito!

疲れを忘れさせる優雅なパラドールランチ。1）パラドールロゴ入りの器に心躍る前菜の盛り合わせ 2）脂のうまみがとろけるハモン・イベリコ 3）アサリと豆のチャウダー 4）洋ナシの赤ワイン煮のミルフィーユは名物デザート

第 *2* 章

レオン王国の街道をゆく

果てしなく広がるメセタの大地。牧草地の間を縫うように続く一本道を歩いて、旧レオン王国の首都レオンにたどり着く。ガウディゆかりのアストルガを経由して「許しの門」へ。ここまで来れば神に許されると信じられてきた場所だ

世界遺産の大聖堂が圧巻！

ブルゴス

Burgos

Amigos del
Camino de Santiago
Burgos

トレド、セビージャとともに、スペイン
三大ゴシック大聖堂の傑作。透かし
彫りの尖塔は15世紀につけ足された

プラタナス並木のアルランソン川を渡り、サンタ・マリア門をくぐって旧市街へ。大聖堂の正面は、レース刺繍のように繊細な彫刻が施されたバラ窓つきファサードが美しい

日の出とともに
さあ出発！

大聖堂の裏手の通りにあるブルゴスの巡礼友の会のアルベルゲ。中は広くてきれい。巡礼手帳も手に入る

　ブルゴスは11世紀からカスティージャ王国の都が置かれていた、中世の城下町。レコンキスタの英雄エル・シッドの出身地でもある。見どころは多いが、世界遺産のサンタ・マリア大聖堂は外せない。1221年に着工し、ドイツやフランスのゴシック建築の影響を受けて、16世紀に完成した。聖堂内の中央にはエル・シッドのお墓がある。見上げれば神々しいほどに美しいステンドグラスと、透かし彫りの星で飾られた丸天井が。巡礼手帳を持っていると割引で見学でき、入場は9：30〜18：30。サン＝ジャンからは約286キロ地点。巡礼道での観光のハイライトでもあるこの町から、巡礼を始める人も多い。

ブルゴスの宿とグルメ

Hotel & Gourmet

　ブルゴスの名物は赤インゲン豆（アルビアス・ロハス・デ・イベーアス）。コシードのもとになったといわれるカスティージャ地方の鍋料理オージャ・ポドリーダにも入っている。ラム肉や羊のチーズも特産品。大聖堂や市庁舎周辺のレストランでは、ブルゴスの伝統料理を味わうことができる。

大聖堂が目の前という理想的なロケーションの高級ホテル。客室はダークカラーでまとめられたアンティーク調のインテリア。15世紀の建物で、かつては印刷所として使われていた。スペイン文学の傑作『ラ・セレスティーナ』の印刷と販売もこの場所で行われたという

🏠 **DATA**
メソン・デル・シッド
Mesón del Cid（TEL：947-208-715）

併設のレストランはブルゴスを代表する有名店。カスティージャ地方らしい料理や内装、ウエートレスの衣装など、伝統的な世界に浸ることができる。伝統料理のコースや高級巡礼メニューも。1）濃厚なソースでいただく牛ヒレステーキ 2）モルシージャ（豚の血入りソーセージ）たっぷりの赤インゲン豆スープ 3）ニンニクのスープ 4）ブルゴス名物羊のチーズにクルミとはちみつを添えて

¡Salud!

宿とグルメ番外編

いざバルめぐり！ >> その2

翌日からはメセタの丘越え
飲みすぎに注意じゃよ

巡礼の旅もようやく中盤戦。個性的なバルが並ぶサン・ロレンソ通りへ繰り出して英気を養おう。タパスは量も味つけもしっかりめ。2〜3皿も頼めばディナー代わりに。

名物バルのカーサ・パンチョは常連客で連日大にぎわい。2階はテーブル席で、メニューから選んで注文できる。お向かいのロス・エレーロスも人気店で、ワインの品ぞろえが豊富だ

エビのうまみが出た
オイルが最高！

アツアツのエビのアヒージョは、ビールにもワインにもよく合う

カスティージャらしいパンチの効いたタパスやピンチョス。どれもボリューム満点だ

クロケッタ（コロッケ）やボケローネス（小イワシのマリネ）はバルの定番。ブルゴス名産モルシージャのピンチョスも

果てしない一本道をゆく

カストロヘリスから
モステラーレス峠へ

De Castrojeriz a Alto de Mostelares

丘の上に見えるカストロヘリスの城跡。巡礼道は丘の中腹を通っているので、城に行くには、巡礼道をそれてかなり上ることになる。丘を巻くように歩き、標識を頼りにカストロヘリスの村に入る

峠を下りると見えてくるのは、一面の麦畑を縫うように細く長く続く道。巡礼の旅を象徴するような風景が広がる。ブルゴスから入って、この道をハイライトとして歩く人もいる

¡Tened cuidado!

ブルゴスから先は、メセタと呼ばれるカスティージャの乾燥した大地が続く。カストロヘリスはローマ時代から続く古い村で、まるで映画のセットのような雰囲気。巡礼道沿いに宿やバルなどが点在している。小麦畑の中を歩いて約3キロ、モステラーレス峠を登りきった先は勾配(こうばい)18％の急な下り坂。足にはキツイが頂上からの見晴らしは抜群。腰かけてしばし物思いにふけったり、記念写真を撮り合ったりする巡礼者たちの姿が見られる。

急坂を下る前に
ちょっとひと息

見どころ満載の古都
レオン
León

ステンドグラスの数は全部で100枚にもおよぶ。西日が射すと、大聖堂の中は色とりどりの光に包まれる

　荒涼としたメセタを何日も歩き続け、疲れきった巡礼者をあたたかく迎えてくれるのが、旧レオン王国の首都レオンだ。大聖堂の有名なバラ窓は万華鏡のように神秘的な光を放ち、思わずひざまずいて感謝の祈りを捧げたくなる。ステンドグラスに植物が色鮮やかに描かれているのも特徴。夜のライトアップされた大聖堂も美しい。バリオ・ウメドと呼ばれる、マヨール広場やサン・マルティン広場周辺のバル街で、久々の都会の夜に乾杯しよう。

サン・イシドロ教会は大司教聖イシドロの聖遺物が祀られた教会。レオンの王家も眠る。羊の門には旧約聖書の「創世記」から、イサクの代わりに子羊が現れ生贄となる場面が描かれている。内部はフレスコ画が有名。特に植樹をする月や子豚を育てる月などの、農業暦を描いたフレスコ画は必見。併設の美術館では中世の貴重な写本も見学できる

ガウディの作品群として
世界遺産にも登録！

ボティネス邸はガウディが40歳のときの作品。現在は銀行になっている。大都会レオンのバル街には、今どきの雰囲気の店も多い

牛肉の生ハムが名物！

パラドール前の広場には、履物を脱いで、目をつむって座り込む巡礼者の像が。中世の巡礼の厳しさがうかがえる

正面ファサードはプ
ラテレスコ（銀細工）
様式の細やかな浮
彫で飾られている

パラドール・デ・レオン

Parador de León

　16世紀に建てられ、サンティアゴ騎士団の
本部でもあったサン・マルコス修道院が、豪
華な5つ星のパラドールに。数あるパラドール
の中でも圧倒的な大きさと優美さを誇り、まる
で宮殿に住んでいるような贅沢な一夜を過ごせ
る。正面の全長100mの建物には美しい教
会や回廊も残っている。

Data
住　所　Plaza de San Marcos, 7, 24001 León, León
電　話　987-237-300
Ｕ Ｒ Ｌ　http://www.parador.es/
〈予約・問い合わせ先〉イベロ・ジャパン
03-6228-1734　iberojapan@hola-espana.co.jp

ゴールドを基調とした客室。よく手入れされた緑の中庭
に面していて開放感がある。小鳥のさえずりが聞こえる川
のほとりのテラス席では、お茶やデザートを楽しめる

1）博物館に迷い込んだような長い廊下を通ってレストランへ 2）イチジクのケーキとヨーグルトのソルベ。繊細な盛りつけがさすがパラドール 3）大きな窓から緑が見えて気持ちいい

¡Buen apetito!

1）レオン名物セシーナ・デ・バカ（牛の生ハム）2）ミガス（パンくず炒め）などの郷土料理もおしゃれにアレンジされている 3）とろける柔らかさの牛ホホ肉シェリーソースがけ 4）種類豊富な朝食ビュッフェで贅沢気分

ここで記念撮影するのが
出発前のお約束！

ガウディ司教館とチョコレートの町

アストルガ

Astorga

ガウディの司教館は、現在は巡礼路博物館として、貴重な資料を多数展示

古代ケルト人が定住し、のちにローマの砦アストゥリカが築かれた町。「銀の道」など主要な道を結ぶ交通の要所として栄えた。見どころはガウディの建てた司教館。グラウ司教の依頼で建築が始まったが、デザインや金銭面で折り合いがつかず、司教も亡くなってしまったことから、今も一部は未完成のままだ。スペインで初めてチョコレート工場が建てられた場所ともいわれている。

伝統衣装が描かれた箱もかわいい

司教館の併設ショップにはハイセンスなお土産が。チョコレートのほか、ラードを練り込んだカステラ風のマンテカーダも名物

かつての廃村が蘇った

フォンセバドン
Foncebadón

　長らく廃村となっていたが、近年の巡礼者の増加で宿やバルが急増中。小説『星の巡礼』で、パウロが犬の姿をした悪魔と対峙した場所でもある。この小説に影響を受けて巡礼に出た女優シャーリー・マクレーンも、ここで犬に襲われるのではないかと本気で怯えたと語っている。現在も犬や馬が見られるが、いずれも飼育されている動物で、巡礼者にもやさしいので安心を。この先、イラゴ峠に向けて道が険しくなる。天候が悪ければ無理に進まず、ここで1泊したほうがいい。

悪魔じゃないから怖がらないでね

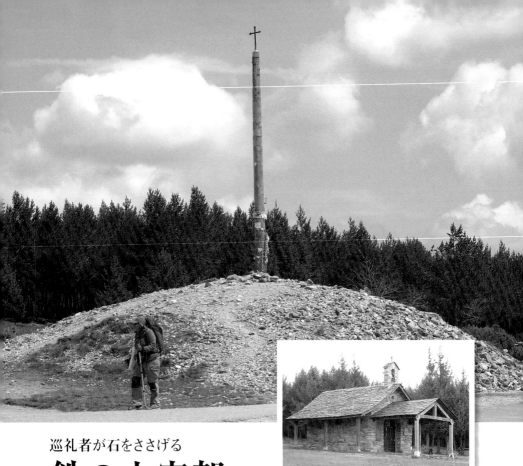

巡礼者が石をささげる
鉄の十字架
Cruz de Ferro

イラゴ峠の頂上は標高1530mで、「フランス人の道」の最高地点。少し手前には鉄の十字架がそびえ立つ。十字架を支える小石の山は、巡礼者たちが道中の安全を願って積んだもの。名前や日付が書かれた大小の石のほか、ロザリオやリボンなども置かれている。ローマ時代には街道の安全を祈願する祭祀の場だったといわれ、その歴史が今も巡礼者たちに受け継がれている。

十字架の横は公園のような広場になっていて、小さなサンティアゴ教会が建っている

イラゴ峠の春の巡礼では、巡礼道を彩る紫色をしたヒースの花を楽しむことができる

Column

Buen Camino

泊まらなくてもちょっと寄り道したい

名物「巡礼宿」いろいろ

巡礼道沿いには個性豊かな宿がたくさん。中世より続く施設から、近年の巡礼ブームにともない廃村の復興に一役買っている宿までいろいろ。いずれもホスピタリティー抜群なのはさすが。ここではイラゴ峠の先にある名物宿を紹介する。

＼ 世界の各都市まで ここから何キロ？ ／

巡礼者の安全を守り続けるぞ

レフヒオ・テンプラリオ・デ・マンハリン
Refugio Templario de Manjarin

廃村となったマンハリンにあるアルベルゲ。村のたった一人の住人で宿の運営者であるトマスさんは、テンプル騎士団の意思と伝統を受け継ぐ人物。霧が深くなると鐘を鳴らして、巡礼者たちを導いている。小屋の裏には狼のような犬がたくさんいるが、彼らは狼を追い払ってくれる番犬だ

宿の前のベンチでくつろぐ巡礼者。荒涼とした風景が続く峠エリアの憩いの場だ

ランチはここで♪

メソン・エル・アセーボ
Mesón El Acebo　TEL：987-695-074

マンハリンから坂を下ったエル・アセーボ村に建つアルベルゲは、併設のレストランが有名。峠越えしてきた巡礼者たちを、自慢の料理でもてなしている。特産品のナタ豆やマスを使った料理が名物。豆とマスを煮込んだ熱々のスープは疲れた体にしみる。ベジタリアン用のメニューもある

テンプル騎士団のお城が守る町

ポンフェラーダ

Ponferrada

城門をくぐると今にも中世の騎士と出くわしそうな雰囲気。城壁の外の馬小屋だったところが観光案内所になっている

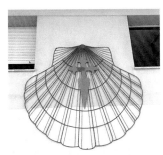

城を建設する際、一人の騎士が古い樫の木（エンシーナ）の隙間に隠されていたマリア像を見つけたという逸話があり、エンシーナ広場にブロンズ像が。教会内には樫の木のマリア像が、ビエルソ地域の守護聖女として祀られている

ローマ時代から続く歴史ある町。11世紀にアストルガ司教オスムンドが、巡礼のために再建した鉄の橋、ポンス・フェラーダがその名の由来。1178年にレオン国王フェルナンド2世の命でテンプル騎士団がこの地を守るようになり、城が建てられた。騎士団自体は1312年に廃絶されたが、城は町のシンボルとして残り、見学可能。巡礼事務所はカスティージャ通りの交差点付近にある。小さな小屋で見逃しやすく、閉まっていることも多いが、テンプル騎士団の十字架をモチーフにしたスタンプがもらえる。

町はずれにあるアルベルゲは特大ホタテ貝の看板が目印。現代のテンプル騎士団を思わせる親切なオスピタレロが迎えてくれる

サンティアゴまであと200km！
ビジャフランカ・デル・ビエルソ
Villafranca del Bierzo

村を見守るように建つビジャフランカ・デル・ビエルソ城。入り組んだ坂が多いビエルソで、この城は目印になる

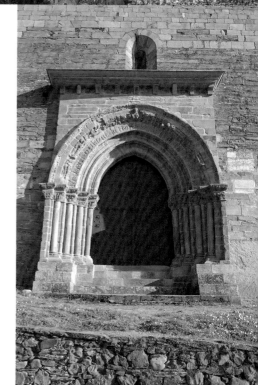

　直訳すると「ビエルソのフランス人村」で、11世紀の巡礼者の増加とともに、フランスからやってきた入植者を受け入れて発展した。サンティアゴ教会の「許しの門」は、病気や悪天候などでどうしても最後まで巡礼を続けられなくても、ここまで来れば神様に許され、天国に行けると信じられてきた。今よりもずっと過酷だった中世の巡礼者にとって、その存在は大きな心の支えだった。このため小さな村でありながら、サン・フランシスコ修道院やサン・ニコラス教会など、立派な教会や古い館がたくさん残っている。

サンティアゴ教会横の私営アルベルゲでくつろぐ巡礼者たち。許しの門までたどり着いた安堵感が漂う。ビジャフランカは白壁の家が並ぶ美しい村。中心部のマヨール広場にはテラス席のあるカフェやバルが並び、観光客の姿も多い。この先はいよいよ、巡礼最後の難所とされるセブレイロ峠が待っている。郷土料理のボティージョ（豚肉と香辛料の腸詰め）と名産ワインで英気を養おう

> 飲まずには帰れない！

知る人ぞ知るワインの名産地
ビエルソ地方

知名度はまだまだだが、近年その評価が急上昇中のビエルソワイン。新鋭のボデガ（ワイナリー）も増えており、村を散策していてもワインマークの看板がよく目に入る。メンシアという土着の黒ブドウから造られる赤が主流で、花のようなアロマとエレガントな風味が特徴。ぜひお試しを！

村を出るまでの道は少しわかりにくいので矢印を見失わないように。石造りの巡礼者像にあいさつし、セブレイロ峠へ出発！

国道沿いに看板発見　残り２００キロ！

憧れのパラドールに泊まる

1）広々としたリビング付きのスイートルーム。シンプルなインテリアでまとめられていて過ごしやすい 2）地元の新鮮素材と味に定評のあるレストランでは、新聞を読みながらくつろぐ人の姿も。高原のリゾートホテルといった雰囲気だ

パラドール・デ・ビジャフランカ・デル・ビエルソ

Parador de Villafranca del Bierzo

　緑に囲まれたアットホームな雰囲気のパラドール。スレート岩を用いたやさしい色合いの外観が、のどかなビジャフランカの風景に溶け込んでいる。設備はモダンで快適。疲れをしっかり癒してラスト200キロの歩きに備えたい。

Data
住　所　Avenida de Calvo Sotelo, 28, 24500 Villafranca
　　　　del Bierzo, León
電　話　987-540-175
Ｕ Ｒ Ｌ　http://www.parador.es/
〈予約・問い合わせ先〉イベロ・ジャパン
03-6228-1734　iberojapan@hola-espana.co.jp

¡Buen apetito!

1）焼き野菜を添えた香ばしいステーキ。もちろんビエルソの赤ワインとともに
2）美しく盛りつけられた野菜とチーズのサラダ 3）デザートのアラスカケーキは、バニラアイスの上にこんもりと生クリーム。軽くフランベしてある

第 3 章

水と緑のガリシアへ

最後の難所セブレイロ峠を越えて、いよいよサン
ティアゴのあるガリシア州へ。荒涼としたメセタ
に別れを告げて、大地にも心身にも潤いが。巡
礼道沿いには、小さな村やバルが増えてくる。
新鮮な魚介類も存分にどうぞ！

州境を越えて最後の難所へ！

ビジャフランカ・デル・ビエルソから
オ・セブレイロへ

De Villafranca del Bierzo a O Cebreiro

リヤカーに荷物をくくりつけて峠に向かう、マダム姉妹に遭遇。バックパックにはおそろいのタペストリーをはりつけて目印に。右上のご夫婦は旅先で購入したお気に入りの帽子に、サンティアゴ騎士団の赤い十字架をペイント。ちょっとした巡礼人スタイルの工夫が、巡礼仲間との交流のきっかけになることも多い。巡礼道で売っているホタテ貝には、国旗やメッセージがペイントされたものも

ビジャフランカからオ・セブイロまでは約29キロの行程。しばらく国道沿いの道を進む。前半は平坦(へいたん)だが、コンクリート舗装なので足への負担は意外に大きい。トラバデーロを過ぎると、しばらく黄色い矢印が途切れるが慌てないこと。セブレイロ峠までのベガ・デ・バルカルセ、ラス・エレリーアス、ラ・ファバはごく小さな集落だが、のどかで雰囲気のいい休憩スポット。ベガ・デ・バルガルセの先、ルイテラン辺りで勾配(こうばい)がきつくなり、ラス・エレリーアスからは本格的な山道に。無理せず休みながら、歩みを進めよう。

のんびり行こう!

峠越えの前にちょっと休憩

ビジャフランカとオ・セブレイロの中間地点が、ベガ・デ・バルカルセ村。巡礼道に沿って流れるバルカルセ川を眺めながら、バルのテラス席で巡礼メニューを注文して、ほっとひと息。先に待っている登りは一瞬忘れて、フランの甘みと田舎風景に癒されよう

うまく乗りこなせるかしら～

山を登る前から
お疲れモード？

ラス・エレリーアスからは、馬に乗って峠を越えるサービスが。朝から馬たちがスタンバイしている。巡礼道沿いにはいくつか乗馬のサービスがあるが、この峠越えは観光用の乗馬ツアーのようなもので、初心者でも大丈夫

オススメ民宿

一気に峠越えするのがつらい人は一泊しても

ラス・エレリーアス村の手前の民宿。
19世紀にバター工場だった建物が見
事にリノベーションされ、滞在は快適
そのもの。広いバルコニーやテラスでく
つろぐひとときは、何物にも代えがたい
贅沢な時間。オーナーのノエリアさん
のホスピタリティーも大きな魅力

🏠 **DATA**
パライソ・デル・ビエルソ
Paraiso del Bierzo　TEL：987・684・138

徒歩あり！

それぞれに峠を越える

ラス・エレリーアスを過ぎると、いよいよ本格的な山道を上ることになる。ラ・ラグーナ・デ・カスティージャがレオン県最後の村。木の生い茂る森を抜けて、景色を楽しみながら尾根道を登ると、ガリシア州の石標が迎えてくれる。あとひと息で、標高約1300mのオ・セブレイロに到着する

あと5kmのラストスパート前に栄養補給！

ラ・ファバ村にはアルベルゲ併設のカフェが。ミネラルウォーターやスナックなども手に入る

馬あり！

自転車あり！

自転車は途中で一部山道をそれて、自転車用の舗装路を通る。ラス・エレリーアスからの峠越え乗馬ツアーは、パカポコゆっくり進むので、案外歩いたほうが早く登頂できる場合も

ここからガリシア州！

古代文化が残る天空の村
オ・セブレイロ
O Cebreiro

この景色を見下ろしながら、巡礼最後の難所セブレイロ峠を、無事に越えることができた感動にしばし浸る

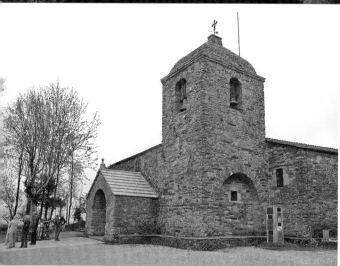

9～10世紀にかけて建てられたサンタ・マリア教会は、巡礼道で最古の教会といわれている。ワインとパンが、キリストの血と肉体に変化する奇蹟が起きたといわれ、聖血を受けた聖杯が、現在も教会の中に大事に保管されている

石造りでわらぶき屋根のパジョッサは、どことなくキノコを思わせる。現在は博物館として公開されている。お土産物屋もパジョッサ風で、巡礼者だけでなく観光客も多く訪れるため、お土産の種類は豊富。ガリシアらしいケルト模様のグッズもいろいろある

　峠を流れる白い霧がゆっくりと晴れていくと、目の前に忽然と村が現れる。オ・セブレイロは、パジョッサと呼ばれる古代の住居跡が残っていることで知られる。ここにたどり着いた巡礼者は、これまで通りすぎたどの場所とも違う空気に戸惑うかもしれない。奇蹟が起きたというサンタ・マリア教会の隣には、かつて救護院だった巡礼宿がある。11世紀の昔から、峠越えで疲れ果てた巡礼者を受け入れてきた。長い巡礼の歴史の中で、もっとも多くの巡礼者が泊まった宿といわれている。

タコがガリシアの
アイコン!?

小さな集落の中で名物プルポ（タコ料理）の看板がいくつも目に飛び込んでくる。いよいよガリシア州に入ったことを実感!

ガリシアの山道を上ったり下ったり
オ・セブレイロから
トリアカステーラへ
De O Cebreiro a Triacastela

巡礼者をすっかり見慣れている牛たち。カメラを向けると近寄ってくるやんちゃものも

風で帽子が飛ばされないように押さえている、サン・ロケ峠の巡礼者像。逆光でもここで記念撮影するのがお約束

この村のみんなはオレが守る！

村に入ると、酪農家に飼われている大きな犬が、巡礼道をウロウロしていることも。犬が苦手な人にはつらいが、彼らは日々、山の中で家畜や巡礼者たちを守ってくれている番犬。たいして愛想もないが、むやみにキバをむいてくることもない

約20.7キロの行程。しばらくアップダウンの山道が続いて峠越えの体にはこたえるが、ガリシアの緑豊かな自然が心を癒してくれる。巡礼道をいきなり横切る牛の行列もガリシア名物だ。リニャーレス村まで下りて、少し上るとサン・ロケ峠。そこからオスピタル村、パドルネーロ村と過ぎると、ポイオ峠への上り道。急勾配で本当にしんどいけれど、気合を入れて上りきれば、目の前にバルが待っている！あとは黄色い矢印と道標に導かれるまま、ゆっくり下っていけばいい。

のんびり行こう！

峠のお茶屋

ガリシア州に入ると1〜3キロおきに村があり、気軽に立ち寄ってひと休みできるバルも増えてくる。時間に余裕があれば、いろいろなバルに立ち寄って、個性豊かなスタンプを集めながら歩くのも楽しい

トリアカステーラ

郷愁をそそる山あいの村

Triacastela

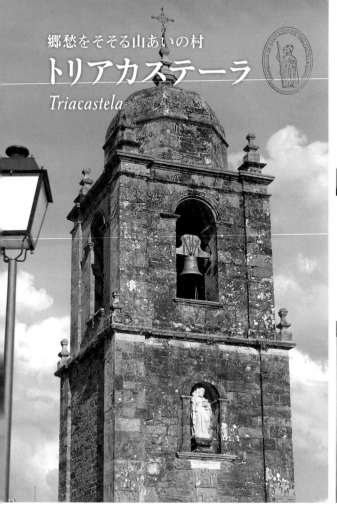

これから
ミサが始まるよ〜

村の中心にあるサンティアゴ教会。ここでスタンプがもらえるが、午前中は開いていないので注意（11:50-14:00、15:30-20:00）。18時からのミサでは、巡礼者の中から各国の代表が選ばれ、母国語で祈りを唱えるのが恒例となっている

かつて3つの城があったことからその名がついたが、残念ながら城は現存していない。近年の巡礼ブームにともない、歴史的な建物を巡礼宿にリノベーションする集落が増えているが、トリアカステーラもそのひとつ。細い巡礼道に沿って宿やカフェが並び、夕方になると道に椅子を出して語らう巡礼者でにぎわう。スタンプのある公営アルベルゲは、村に入ってすぐ左手の草原を進んだ先にある。青い屋根に石造りの小屋がなんとも絵になる。

巡礼道沿いのアトリオ（Atrio）は女性1人でも泊まりやすい、おしゃれな私営アルベルゲ＆ペンシオン。1階はカフェになっている。出発前に立ち寄って、チュロスやナポリターナ（スペインのチョコデニッシュ）の朝食をとるのもおすすめ

出発前に糖分補給！

オススメの宿

山歩きに疲れた体にうれしい！ 村に入ってすぐの宿

建物は古びているが、部屋は改装されてきれい。1階がレストランで、とにかくすぐに食事をとって休みたい人には最適な宿。どこか懐かしい山並みが目前に広がるテラス席で、ガリシアビールを傾けたい

サリアに向けて
テンション上がる！

🏠 **DATA**
ペンシオン・ガルシーア
Pensión Garcia　TEL：603-496-730

100kmの出発地点めざして歩く

トリアカステーラから
サリアへ

De Triacastela a Sarria

バナナは
巡礼者の友!

小さな集落が続くサリアまでの道。前半はバルもないので、善意で巡礼者に食べ物や飲み物を提供している簡易休憩スポットが。寄付金を入れて、果物やジュースなどをいただこう。この辺りまで来ると、だいたいペースが同じ巡礼者と顔なじみになってきて、休憩のたびに会話もはずむ

小屋の壁に
黄色い矢印を発見！

あと
どれくらい？
ググってみよ！

すっかり見慣れたガリシアの牛を横目に、森の中の道を行く。写真を撮ったり、位置を確認したり、スマートフォンは今や現代の巡礼者の必須アイテムとなっている。サリアまではWi-Fiが入るような休憩所が少ないので、朝のうちに目的地の設定をしておくといい

サリアへは2つのルートがある。山道を行く最短ルートは約18.7キロ、サモス修道院を経由する県道ルートは約25キロの行程。山道が人気だが、前半はトイレがないので注意。かつてトリアカステーラの近くには石灰石の採掘所があり、サンティアゴ大聖堂の建築のため、巡礼者は石を1つ持って運ばなければならなかったという。現代ではもちろんそんなことはないが、ふと見つけた小石を手に取ってみたくなる。

この看板から先が
実は長い！

のんびり行こう！

巡礼道のスピ系スポット

モホンの示す右に行けば巡礼道、左の看板がさす方向に歩いていったら……不思議な鉱物アートのギャラリーが

スペイン語だけど
占いもある！

さまざまな石を使った手作りのペンダントも販売

巡礼者でにぎわう宿泊拠点
サリア
Sarria

　13世紀にレオン王アルフォンソ9世によって開かれて以来、巡礼の拠点として栄えてきたサリア。ラスト100キロの巡礼達成をめざす場合はここからスタートする。長い新市街を抜け、サリア川を渡れば旧市街。メインストリートのマヨール通りは、細い坂道の両側に宿やバルがぎっしり並ぶ。ここまでたどり着いた喜びが、町の活気となっている。坂の下のサンタ・マリーニャ教会で、巡礼者のためのミサに参列し、スタンプをもらおう。巡礼手帳も発行している。

巡礼が盛んで
わしも満足じゃ

サリア川のほとりには、地元の人たちが通うカフェやレストランが。ヤコブ様のロゴが目印のカフェテリア・サンティアゴでは、生ハムやガリシア風タコなど定番の郷土料理がたっぷり食べられる。もちろん巡礼メニューもある

看板も個性あふれるアルベルゲが軒をつらねるマヨール通り。宿が決まっていない場合は、まずここへ！

どこに泊まる？ サリアの宿いろいろ

豪華4ツ星ホテル

新市街からサリア川を渡る手前にあるオテル・アルフォンソ・ノベーノ（Hotel Alfonso IX）は王様の名にふさわしく機能的で快適なホテル

カジュアルホテル

マヨール通りにはアルベルゲだけでなく、バス・トイレ付きの部屋のあるペンションなど手頃な宿も多い

3階が民宿！

旧市街にある巡礼用品店3階のペンシオン・オ・カミーノ（Pension O Camino）はバス・キッチン共用だがくつろげる

Column
Buen Camino

ヤコブ様のお膝元はグルメの宝庫！
ガリシア州ミニ知識

シャコベオ君です

古代ケルトとローマの文化に影響を受けたガリシアは、スペインでも独特な魅力のある地域。地元の人々からはガジェーゴ（ガリシア人）としての誇りが感じられる。大西洋に面して雨も多く、自然の恵み豊かな土地。巡礼中にぜひ味わいたい名物料理もいろいろ。巡礼マスコットのシャコベオ君が、道中あちこちで出迎えてくれる（シャコベオはガリシア語でヤコブの意味）。

ガリシア内陸部の村は黒い粘板岩（スレート）で造られる家が特徴的。庭には高床式の倉庫オレオが。これも石造りが一般的

肉やツナ入りのパイ「エンパナーダ」とガリシアキャベツのスープ「カルド・ガジェーゴ」

蒸しても焼いてもおいしいよ！

ガリシアの代表料理といえば「プルポ・ア・フェイラ」（タコのガリシア風）。ジャガイモが入っているものも。マテ貝はやみつきになる味！

海産物も豊富で美味

巡礼のシンボル、ホタテ貝は殻付きのグリル料理が多い。サンブリーニャというミニ貝も美味

魔女じゃないのよマリアよ、マリア！

食後には「オルホ」（ガリシア版グラッパ）をショットでぐいっと。黄色はハーブ味。カーニャ（生ビール）はサルガデロス（P91）のサーバーから

第 4 章

聖地までのラスト100km

巡礼の旅も残りわずか。徒歩で100kmの旅をわ
ずかと思えるのは、すっかり巡礼者らしくなった
証拠。巡礼達成が認められるサリアからは、巡
礼仲間が一気に増える。早く巡礼達成したいよう
な、旅が終わるのが寂しいような不思議な気分

サンティアゴまであと117.4km
サリア → ポルトマリン

サリア以降は一気に巡礼者が増えてにぎやかになる。ポルトマリンはダム建設によって村が沈むことになり、丘の上に新しい村を築いたという珍しい歴史を持つ。最後の森を抜ける急な下りがキツイだけに、木々の間から湖が見えたときの感激はひとしお。

（海抜）
700m

600m

500m

400m

300m

小さな村と
バルが続くよ〜

モルガーデ
Morgade

サリア
Sarria

バルバデーロ
Barbadelo

巡礼者のために
用意された果物
に心があたたかく
なる

5km

10km

ボクをいくつ
発見できるかな？

巡礼マスコットのシャコ
ベオ君。サリア以降よく
見かけるようになる

Casa
BARBADELO
Pensión・Albergue
PR

ここで朝ごはん！

カサ・バルバデーロはプール付きのアルベルゲ。バルの奥ではゆっくりと食事ができる。アクセサリーなどちょっとしたお土産も

バル・モルガーデでひと休み。しぼりたての生ジュースがおいしい。午前中から、早くもビールを飲む巡礼者の姿も

緑豊かな道が続く。
あとはどんどん下って
いこう

ポルトマリン手前の森を抜ける道は急な下り坂なので要注意。ベルサール貯水湖にかかる長い橋を渡って到着！と思ったら最後にまた急な階段が

村に入るまでが長い！

フェレイロス
Ferreiros

メルカドイロ
Mercadoiro

2015年前後に巡礼道のモホンがリニューアルされ、残念ながらジャスト100kmの道標はなくなってしまった

ビラチャ
Vilachá

◎ **ポルトマリン**
Portomarín

15km

ポルトマリンは
観光客にも人気

20km

教会前のメソン・ロドリーゲスは、オテル・ビジャ・ハルディンと同経営の人気レストラン。釣りたてのウナギのフライが名物。熱々にレモンをキュッと絞って食べると最高！

ダムに沈む前
移築されたよ

サン・ニコラス教会の扉の上をよく見ると、ガリシア地方の楽器を持つ人の彫刻が

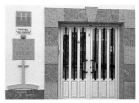

湖をのぞむアルベルゲ兼ペンシオンのポンス・ミネアや、教会の近くにありレストランが有名なオテル・ビジャ・ハルディンなど、観光地らしく宿もいろいろ

2日目

本日の行程 24.6km

サンティアゴまであと94.7km

ポルトマリン→パラス・デ・レイ

ポルトマリンの朝は湖面をはう霧が神秘的。静かな森を抜けたら国道沿いを進む。アスファルトの道が多いので、足が疲れやすい。途中、交通量の多い国道を横断するときは注意を。パラス・デ・レイは看板が見えてから町中まで20分ほど歩く。

ゴンサールの近くにあるカサ・ガリシアにはバルも

（海抜）
700m

600m

500m

400m

300m

オスピタル・ダ・クルース
Hospital da Cruz

ゴンサール
Gonzar

ポルトマリン
Portomarín

ALBERGUE DE PORTOMARÍN

しばらくバルがないけどがんばる！

5km

10km

ゴンサールのバル、デスカンソ・デル・ペレグリーノは大にぎわい。がっつり食べたい人向けのメニューもいろいろ

ビールはガソリンさ！

巡礼者にエールを送っていますよ〜

リゴンデ峠の少し先に、巡礼者を励ますラメイロスの十字架が。林の中にひっそりとあるので、お見逃しなく

大きなアリのオブジェがあるアルベルゲ兼バル。アリのようにコツコツ歩けば必ずゴールにたどり着く！

ここまでくれば、あとは平坦な道をゆるやかに下るだけ

サン・ティルソ教会でスタンプをゲット！

720m

リゴンデ峠
Sierra Ligonde

リゴンデ
Ligonde

ポルトス
Portos

ブレア
Brea

ロサリオ峠
Alto do Rosario

PARROQUIA DE STO. TIRSO DE PALAS DO REI

パラス・デ・レイ
Palas de Rei

15km

20km

カウンターで一杯

さすがカミーノ！ ジュースの自販機にも聖地までのルートマップとサンティアゴ大聖堂の写真が

イグレシア通りのメソン・ア・フォルシャは巡礼者の御用達レストラン。写真はエビのアヒージョ。他にもガリシア風のタコを食べさせる店などレストランのチョイスは多い

あと残り70km
楽しんで歩きましょ♪

巡礼道沿いの人気の宿、アレーナス・パラスは機能的で内装もモダン。眺めのいいレストランも併設。バルのカウンターで歩き疲れを癒す一杯を味わうのもいい

サンティアゴまであと70.1km

パラス・デ・レイ → アルスーア

アップダウンのある森の中の道が続く。長い行程だがメリデのプルポや、アルスーアのチーズなど道中随一のグルメルートでもある。メリデ〜ボエンテ間を除けば、休憩できるバルも多い。リバディソからはキツイ上りなので、気合を入れて歩こう。

黄色に塗られた本物の貝の矢印。レボレイロ村の壁で発見

(海抜)
700m

パラス・デ・レイ
Palas de Rei 600m

500m

400m

300m

515m **レボレイロ**
Leboreiro

ポンテ・カンパーニャ
Ponte Campaña

巡礼最後の県
ア・コルーニャに
突入

メリデ
Melide

5km

10km

15km

メリデ名物のタコ
うまいよ〜

ポンテ・カンパーニャのアルベルゲ兼カフェ、カサ・ドミンゴの巨大ホタテ貝は人気の撮影スポット。石のローマ橋を渡るとメリデの町はもうすぐ

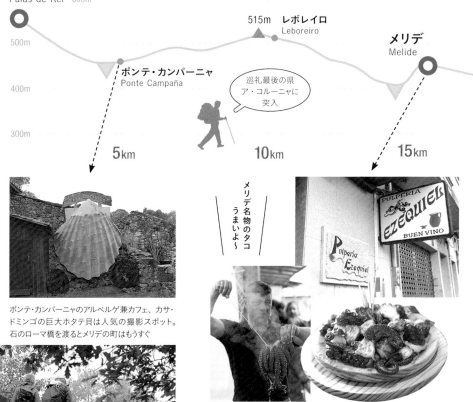

プルポを食べずにはメリデの町を通過できない。プルペリアと呼ばれる専門店が並ぶ中でも、エセキエルは有名店。ほどよく塩気の効いた柔らかいタコは、止まらなくなるほどおいしい

カサ・ミリアは有名人もお忍びで訪れるという、料理自慢の民宿。アルスーア周辺はチーズの名産地。名物チーズのウジョアはぜひ食べておきたい

上）メリデの旧市街
右）ボエンテのサンティアゴ教会にはカラフルな聖ヤコブの像が

絶品チーズをぜひご賞味あれ！

ボエンテ
Boente

カスタニェーダ
Castañeda

アルスーア
Arzúa

リバディソ・ダ・バイショ
Ribadiso da Baixo

20km

また会えてうれしいよ！

この辺りに来るとシャコベオ君にどんどん愛着が湧いてきて、巡礼の欠かせないパートナーの気分に

25km

メリデを出たところのサンタ・マリア教会には15世紀の壁画が色鮮やかに残る。外では鐘を鳴らして巡礼者を励ましてくれる

アルスーアは巡礼道沿いにアルベルゲやバルがたくさん。おやつはチョコムースにホタテ形のホワイトチョコがのったタルタ・デル・ペレグリーノ。オスタル・テオドラの1階は観光案内所になっている

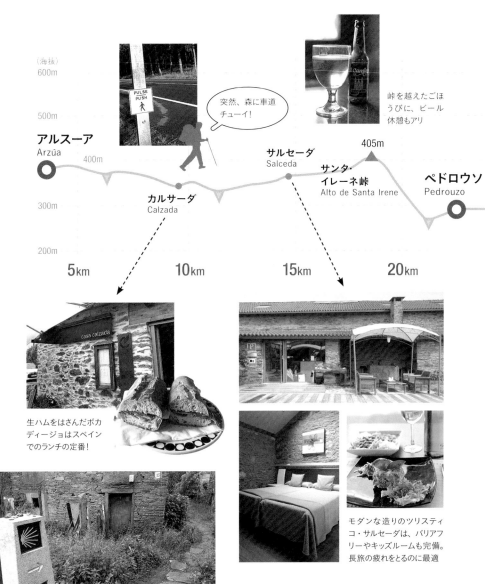

ラスト100kmを歩く！

4日目

本日の行程 **30.1km**

サンティアゴまであと40.7km

アルスーア → ラバコージャ

ガリシアの小さな村々をつなぐように巡礼道が続く。道沿いの木々が栗や樫の木からユーカリや松などに変わってくるので、植生と景観の変化に注目しながら歩くのも楽しい。サンタ・イレーネ峠から林の中を進む道は少し暗いので、日のあるうちに。

（海抜）
600m

500m

400m

300m

200m

突然、森に車道チューイ！

峠を越えたごほうびに、ビール休憩もアリ

アルスーア
Arzúa

カルサーダ
Calzada

サルセーダ
Salceda

サンタ・イレーネ峠
Alto de Santa Irene

405m

ペドロウソ
Pedrouzo

5km 10km 15km 20km

生ハムをはさんだボカディージョはスペインでのランチの定番！

モダンな造りのツリスティコ・サルセーダは、バリアフリーやキッズルームも完備。長旅の疲れをとるのに最適

サンティアゴまであと10.6km
ラバコージャ → サンティアゴ

　いよいよラスト10km。ここまで来ると名残惜しくて、先に進みたいような、進みたくないような気分に。ユーカリ林を抜けて、モンテ・ド・ゴッソ（歓喜の丘）に到着！ サンティアゴの町に入ったら、足元の巡礼マークを頼りに大聖堂をめざそう。

オテル・アメナルはシーフードが充実。米料理のアロースも魚介たっぷり。メヌーが終日食べられて便利

ワンコも巡礼
お疲れ！

5日目は、ここから
スタート！

GOAL!

モンテ・ド・ゴッソ
Monte do Gozo
370m

サンティアゴ・テ・
コンポステーラ
Santiago de Compostela

サンティアゴ
空港

ラバコージャ
Lavacolla

サン・マルコス
San Marcos

5km

アメナル
Amenal

25km

到達前の最後の夜。一棟貸しタイプの宿でくつろぐのもいい。食料品の買えるスーパーマーケットもある。3つ星のオテル・ルータ・ハコベア（左下）はレストランだけの利用も可

仲間とバンザイ！

丘の中腹には1993年ヨハネ・パウロ2世の訪問を記念して造られたモニュメントが。ふもとのサン・マルコス教会ではスタンプが押せる

たった5km先に
大聖堂が待ってる！

モンテ・ド・ゴッソの2人の巡礼者の像は、巡礼の終着地点のサンティアゴ大聖堂をさしている

サンティアゴ・デ・コンポステーラ

聖地に到達！巡礼者たちが喜びを分かち合う

Santiago de Compostela

旅を終えた巡礼者を迎えるのは、オブラドイロ広場に流れるバグパイプの旋律。足を投げ出し、どこか懐かしい音色に身をゆだねていると、遠くから巡礼仲間たちが、歓声を上げながら駆け寄ってくる。みんなで抱き合って喜ぶ、この一瞬のために長い巡礼の日々があったのだと思う

みんながんばったよね〜

記念に自撮り、どう？

人生の旅はここから！

香の煙をくゆらせ、振り子のように大きく揺れるボタフメイロ。もともとは、長旅を終えた巡礼者たちの消臭と疫病防止のために始まったといわれる。キリスト教の祝日のほか、特別な行事や寄付があったときにも行われる

　大聖堂のミサといえば、有名なボタフメイロの儀式。ミサの終盤、もくもくと焚かれた大香炉が、参列者の頭上を行き来する。パイプオルガンの音が響きわたると、長かった巡礼の旅を思って、涙が自然にあふれてくる。ボタフメイロは通常、お昼12：00の巡礼者のためのミサと、金曜19：30のミサで行われるが、さまざまな事情で中止になることもある。巡礼証明書をいただいたら、主祭壇の裏のヤコブ像に抱きついて、巡礼が無事に終わった感謝をささげよう。

（左）聖ヤコブの年にだけ開かれる「聖なる門」。くぐれば罪が許され、天国に行けるという（下）プラテリアス広場の女神像。星に導かれて聖ヤコブの墓が見つかった伝説にちなみ、星をかかげている

うわ、けっこう並んでる〜

サンティアゴの巡礼事務所は、パラドール脇の階段を下りて、カレータス通り（Rúa das Carretas）を右に進んだところにある。巡礼証明書の申請についてはP101を参照

聖地サンティアゴはガリシアの州都

別売りの筒に入れて大切に持ち帰ろう

政治経済そして文化の中心地、サンティアゴ。大学の学長府には市、州、国そしてEUの旗が掲げられている

サンティアゴの宿とグルメ

Hotel & Gourmet

サンティアゴはガリシアを代表する一大観光都市。1985年には旧市街が世界遺産に登録されている。巡礼の疲れも吹き飛ぶ素敵なホテル、おいしいガリシア料理やシーフードのレストランもたくさん！ 大聖堂から続くフランコ通り周辺には、バルや土産物店が集まっている。

🏛 パラドール・デ・サンティアゴ・デ・コンポステーラ

かつては王立の巡礼救護院だったサンティアゴのパラドールは、数あるパラドールの中でもグラン・ルッホと呼ばれる最高級クラス。やっぱり一度は泊まりたい！（詳細はP92〜93に）

🏛 サン・フランシスコ・オテル・モヌメント

アッシジの聖フランチェスコゆかりの修道院がエレガントなホテルに。レストランでは中世の修道院レシピを再現した郷土料理を、修道院で古くから使われてきた土器で提供。ガリシアパンは電気オーブンを使わず炭火焼き

1) サラダには敷地内の農園で採れた新鮮な野菜がたっぷり 2) 修道院伝統のハーブが効いた、スパイシーなミートローフ 3) 卵を使わない伝統的な手法で作られたフィジョアは上品な甘さ

DATA
サン・フランシスコ・オテル・モヌメント
San Francisco Hotel Monument
TEL：981-581-634

プールもあるよ

🏨 オテル・ガストロノミコ・サン・ミゲル

洗練されたインテリアに近代的なバスルーム完備のブティックホテル。女性のひとり旅にもおすすめ。大聖堂から徒歩5分ほどで、静かでリラックスできる環境。周りには中心部の土産物店とはひと味違うセレクトショップなども

すべての部屋からゴシック様式の修道院など、歴史情緒あふれる町並みを眺めることができる

併設のレストランは内装もスタイリッシュ。食事やカフェのみの利用もOK。散策の合間にエスプレッソはいかが？

DATA
オテル・ガストロノミコ・サン・ミゲル
Hotel Gastronomico San Migel
TEL：981-555-779

🏨 オテル・アルコ・デ・マサレロス

1階は創作ガリシア料理が評判の人気レストラン。地元の人で大にぎわいだが、オーナーはじめスタッフはホスピタリティーにあふれ、観光客にも親切。朝食やお得なランチメヌーも

DATA
オテル・アルコ・デ・マサレロス
Hotel Arco de Mazarelos
TEL：881-256-236

部屋はガリシア風の造り。風を防ぐ厚石の壁に、やさしい色合いのピローがマッチしている

1) ローズマリーの香りのサンプリーニャ 2) ズッキーニとエビの前菜 3) 大きなエビがのったアロースはお米が柔らかくてマイルドな味

パドロン名産のしし
とうやホタテのオー
ブン焼きなどガリシ
アらしい料理も

🍷 ペティスコス・ド・カルデアル

観光客向けの店が並ぶフランコ通りの中で、地元の
人にも愛用者が多いタパス屋がここ。手前のバルの
カウンターに陣取ってあれこれ注文するのが楽しい。
グループの場合は奥のテーブル席がおすすめ

DATA
ペティスコス・ド・カルデアル
Petiscos do Cardeal　TEL：981-108-292

会話ができなくても、
タパスが並ぶショー
ケースから気になる
ものを指差せばOK

🍷 セスト・ドス

財界人やセレブも多く訪れるという老
舗のシーフードレストラン。旅の最後に
ゆっくりとディナーをとりたい人におすす
め。おなじみプルポ・ア・フェイラも、
ふっくらとしたタコがやはりひと味違う！

パプリカパウダー、塩、
オリーブオイルのシンプル
ながら絶妙な味つけ

DATA
セスト・ドス
Sexto II　TEL：981-560-524

ブタの看板が目印！

ワインはクンカと呼
ばれる磁器のうつわ
で飲む。お酒に合う
つまみもいろいろ

🍷 オレージャ

オレージャとは看板どおり豚の耳のこと。ここのオ
レージャ目当てに食通が足繁く通う。アサリの白ワ
イン蒸しやエビなどシーフードもいける

DATA
オレージャ
Orella　TEL：981-582-459

🍷 オ・ガト・ネグロ

地元の常連さんや巡礼者でいつもあふれ
返っているが、初めての人もすぐとけ込め
る。巡礼達成を祝してみんなで乾杯！

DATA
オ・ガト・ネグロ
O Gato Negro　TEL：981-583-105

巡礼達成
おつかれ〜！

サンティアゴ町歩き！

旧市街の路地には個性的なお店がたくさん。新鮮な食材が並ぶアバストス市場も要チェック。ビラール通りの観光案内所で地図をもらい、サンティアゴ散策にレッツゴー！

1) アバストス市場にはガリシアの海でとれた新鮮なシーフードがずらり。日曜は休みなので注意 2) 日本でカメの手と呼ぶペルセベスは高級食材 3) マルメロの固形ジャム、メンブリージョはチーズと一緒におつまみにしても

大聖堂どこ？

旧市街で迷ったら地図とにらめっこより人に聞いたほうが早い

巡礼の旅の記念におひとついかが

アンボア（AMBOA）で見つけたケルト模様キーホルダー。左はガリシアブランド、サルガデロス（SARGADELOS）の巡礼シリーズ

サルガデロスのケルトのお守りペンダントトップ。形ごとに意味が違う

魔除けになるといわれるアサバチェ（黒玉）のアクセサリー

名物のサンティアゴケーキは日持ちするのでお土産にも

大聖堂のオフィシャルショップには、Tシャツやボタフメイロ柄の雑貨などのお土産が

憧れのパラドールに泊まる

パラドール・デ・サンティアゴ・デ・コンポステーラ
Parador de Santiago de Compostela

　15世紀に建てられたかつての王立病院。プラテレスコ様式の彫刻が施されたエントランスからして圧巻の美しさ。すべてが芸術的で終着地のパラドールにふさわしい風格が。斜め向かいは大聖堂で、巡礼事務所にもアクセスしやすい。上質なお土産がそろうセレクトショップも。

巡礼達成した夜は天蓋付きベッドで優雅に。歴史を感じさせる重厚なムードの客室。足をのばせるバスタブと、パラドールのロゴ入りアメニティーで充実のバスタイム

Data
住　所　Plaza de Obradoiro, 1, 15705 Santiago de Compostela, A Coruña
電　話　981-582-200
Ｕ Ｒ Ｌ　http://www.parador.es/
〈予約・問い合わせ先〉イベロ・ジャパン
03-6228-1734　iberojapan@hola-espana.co.jp

1) まるで迷路のような館内には、15世紀と18世紀に造られた計4つの回廊がある。壁にはパラドールの歴史や王立病院時代の様子を解説するプレートが掲げられ、その歴史的価値をうかがい知ることができる 2) 王室のサロンだった優美なロイヤルルーム。現在は結婚式などの会場として使用

¡Buen apetito!

石造りのアーチの下で、ガリシア料理をベース
にしたディナーを。1）ひと口サイズのクロケッ
タ 2）タコのカルパッショとパテ 3）手長エビ
はパパイアのソースで 4）スズキのソテー 5）
締めはやっぱりサンティアゴケーキ

/1 /2 /3 /4 /5

がんばって歩ききった
ごほうびに！

大聖堂を目の前にのぞ
むカフェテラスは、ゲス
ト以外も利用できる。
巡礼を終えて甘い物を
いただく至福のひととき。
サンドイッチなどの軽食
もある

かつて生死の境とされた場所に立ち、旅の終わりを実感する。古代人たちはこの海に落ちてゆく真っ赤な夕日を見て、神の怒りにふれたといって畏れたという

地の果ての岬で旅が終わる
フィニステーレ岬
Finisterre

岬の丘の頂にある灯台に向かって人々が上っていく。春は緑や花が美しい。手前の駐車場のところの土産物店には、ここでしか買えないグッズも

スペイン最西端にある岬。フィニステーレとは「地の果て」という意味（ガリシア語ではフィステーラ Fisterra）。中世の巡礼者たちはここで大西洋を眺め、遠いエルサレムと、聖ヤコブが航海を続けた果てしない海に思いをはせた。この先は黄泉の国といわれた海に沈む夕日を前に、過去の自分に別れを告げよう。身に着けていた衣類をここで燃やす習慣があったが、今は禁止されている。サンティアゴから徒歩で約３日、車で約１時間半。バスツアーも出ている。

岬の入り口に立つモホンには0.0kmの表示が

フィニステーレの港には、新鮮なシーフードを手頃な値段で味わえるレストランが並ぶ。長い旅の締めくくりの乾杯は、ガリシア名産のオルホで！

Column
Buen Camino

足をのばして伝説の地へ

パドロンとムシーア

巡礼のゴールはサンティアゴの大聖堂だが、さらに西へ足をのばすと聖ヤコブ伝説の残る町が。バスで日帰りもできる。

ヤコブ様の遺骸が流れついたパドロン

聖ヤコブの遺骸と2人の弟子を乗せた船が、エルサレムからの漂流の果てにたどり着いた場所。伝説の地にふさわしく、独特の神聖な雰囲気をまとった町だ。パドロンのサンティアゴ教会には、船が漂着したときに弟子が船を綱でくくりつけたといわれる石が残っている。ポルトガルの道（P103）を来た巡礼者の最後の宿泊地でもある。サンティアゴから南へ約25キロ、車で30分ほど。

カルメン修道院の下のカルメンの泉には、漂着した船のレリーフが

日曜市もあるよ

船をくくりつけた聖なる石は祭壇の下に置かれ、触ることはできない

パドロンの日曜市にはサンティアゴからも多くの人々が訪れる。チーズやチュロスの屋台に、もちろんパドロン名産の青唐辛子（ピミエント・デ・パドロン）も

不思議な伝説の岩があるムシーア

サンティアゴから約75キロ、車で1時間半ほどの小さな漁村。布教活動に行き詰まったヤコブを、石の船に乗ったマリア様が励ましたとの伝説が残っている。サンタ・マリア・ダ・バルカ教会前の海辺には、その船が分かれたという3つの大岩がある。

岩の1つは「腎臓の岩」といわれ、下をくぐると腰痛が治るという。ケルトの信仰の名残か

第 **5** 章

巡礼の知識あれこれ

サンティアゴ巡礼には、巡礼手帳に巡礼証明書、巡礼者専用の宿など特有のルールや文化がある。実際に出かける前に、知っておきたい情報をまとめた。サンティアゴ巡礼道と姉妹道である、熊野古道との共通巡礼の情報も

サンティアゴ巡礼とは？

巡礼の長い歴史を語り出せばきりがないが、押さえておきたい基礎知識をまとめた。キリスト教の歴史は古く、裏付けのとれないことも多い。巡礼に対する興味や理解を深めるひとつの手がかりとして、諸説ある中から代表的なものを紹介する。

◆ 聖ヤコブ伝説と聖なる都

聖ヤコブはキリストの最初の弟子で、側近のような立場の人物の一人。有名な絵画「最後の晩餐」で、キリストのすぐ右横に怒ったような顔をして描かれているのがヤコブだ。その表情が表すように情熱的な性格だったといわれている。イベリア半島での布教活動にも人一倍熱心に取り組んだが、エルサレムに戻った際にその影響力を恐れたユダヤ王ヘロデ・アグリッパ1世によって殺されてしまう。ヤコブの復活を恐れた王は、その遺骸を埋葬することすら許さず、2人の弟子はヤコブの亡骸をこっそり運びだして船に乗った。

パドロン郊外の小さな礼拝堂に祀られている聖ヤコブ像。ひょうたんのついた巡礼の杖を持っている

ヤコブの遺骸と弟子を乗せた船は地中海をさまよう。漂着したのがガリシア海岸で、そのあと川をさかのぼってイリア・フラビア（現在のパドロン）にたどり着いた。

それから長い年月が流れ、伝説では9世紀初頭に、星に導かれた修道士がヤコブの遺骨と墓を発見したとされている。墓が発見された場所がサンティアゴ・デ・コンポステーラであり、聖ヤコブの遺骨を祀るために造られた聖堂こそ、サンティアゴ巡礼の目的地であるサンティアゴ大聖堂だ。サンティアゴはスペイン語で聖ヤコブのこと。コンポステーラとはラテン語で「星の野原」を意味する言葉（Campus Stellae）が由来といわれている。

また844年にムーア人（イスラム教徒）とキリスト教徒が争った「クラビーホの戦い」において、白馬に乗ったヤコブ（サンティアゴ・マタモーロス）が颯爽と現れ、キリスト教徒の軍を助けたという伝説も残っており、聖ヤコブはスペインの守護聖人として篤く信仰されている。

◈ サンティアゴ巡礼の歴史

ビジャフランカ・デル・ビエルソのサンティアゴ教会にある「許しの門」(P56)。中世の巡礼ブームは巡礼道沿いに多様な文化や建築物をもたらした

　サンティアゴ・デ・コンポステーラへの巡礼の記録は、951年のものが最古で、盛んになるのは11世紀からだ。それまでは聖地エルサレムをめざすキリスト教徒が多かったが、セルジューク朝に占拠され、戦乱によってエルサレムへの巡礼が難しくなったため、聖地サンティアゴが注目されるようになった。

　イスラム教徒との戦いにおける守護聖人、聖ヤコブ人気の高まりや、中世ヨーロッパで広がった聖遺物崇拝の影響も大きい。聖人の遺骨や遺品が奇蹟を起こすと信じられ、多くの人が聖ヤコブの墓に祈りを捧げるため、サンティアゴ大聖堂をめざすようになった。巡礼者を救護する施設や、教会も次々と造られ、12世紀には年間50万人もの巡礼者が集まったとされている。

　その後、ペストの流行や戦乱、信仰のあり方の変化などによって巡礼人気は低下。19世紀末に聖ヤコブの遺骸の発掘調査が行われて再び注目を集め、スペインに政治的平和が戻った1980年代から、徐々に巡礼文化が復活していった。現在は巡礼ブームといわれるほど巡礼者の数が急増中で、年間30万～40万人もがサンティアゴへの道を歩く。

　1993年には「道」として初めて世界遺産に登録。信仰のためだけではなく、人生を見つめ直すきっかけとして歩く人も多い。現在では宗教や国籍に関係なく、世界中のさまざまな人の思いを受け止める道として、その歴史が続いている。

◈ ホタテ貝とひょうたんと杖

　ホタテ貝とひょうたんと杖は、地中海から大西洋を股にかけて布教活動を行った聖ヤコブの象徴であり、中世以来、巡礼者のシンボルとなっている。

　ホタテ貝は、ヤコブの遺骸を乗せて海をさまよった船の底に、ホタテの貝殻がびっしりついていたことが由来という説がある。現在は背負った荷物にぶら下げ

サンジャンの石壁で見つけたレリーフ。ホタテ貝、ひょうたん、木の杖は、道中の巡礼用品店で買える

る人が多く、巡礼手帳を示さずとも巡礼者であることがわかる。カミーノ道中は、標識も土産物店も、どこもかしこもホタテだらけだ。

　ひょうたんは、かつては水筒として巡礼に欠かせなかったが、現在はシンボル的にぶら下げて歩く人が多い。杖は、聖書でもたびたび登場する重要なアイテムで、歩く支えであると同時に、神の導きや信仰の象徴でもある。

　ホタテ貝、ひょうたん、そして杖を携えれば、気分はすっかり中世の巡礼者。歩き続ける力も湧いてくる。

◆ 巡礼手帳 (クレデンシアル)

巡礼者の身分証明となるのが巡礼手帳（クレデンシアル）。出発地の巡礼事務所や教会、観光案内所などで発行してもらう。価格は3ユーロ程度。

この巡礼手帳に、道中で立ち寄る教会や宿泊施設、バルなどのスタンプを押していく。各地の巡礼事務所や観光案内所にもスタンプがある。スタンプは無料（教会などで寄付箱のある場合は心づけを）。集めたスタンプの場所と日付が巡礼の証明となる。したがって大きな町や聖堂だけでなく、小さな村で立ち寄ったバルなどでも逐一スタンプを集めて、巡礼の軌跡を残したほうがいい。スタンプを押すスペースがなくなったら、途中の巡礼事務所や教会などで新しい手帳を発行してもらう。

巡礼中はこれを肌身離さず持ち歩くことになり、アルベルゲ（P107）に泊まる際には、手帳の提示が必要。巡礼手帳があると、教会の拝観料や博物館等の入場料が割引になる場合もある。

「フランス人の道」のスタート地点、サン＝ジャンの巡礼事務所前。巡礼手帳の発行を待つ人でいつも列ができている

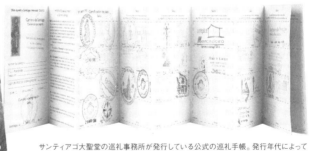

サンティアゴ大聖堂の巡礼事務所が発行している公式の巡礼手帳。発行年代によってデザインが異なる。紙製なので防水ケースに入れて濡れないように持ち歩くといい

名前、住所、パスポート番号、巡礼手段（徒歩、馬、自転車）などを登録して最初のスタンプをゲット。これで正式に巡礼者の仲間入りとなる

◆ 巡礼証明書 (コンポステーラ)

　サンティアゴ・デ・コンポステーラに到着したら巡
礼事務所へ。「コンポステーラ」と呼ばれる巡礼証明
書がもらえる。コンポステーラは中世のカトリック教
会で免罪符（教会が発行する、罪の償いを軽減する
証明書のこと）の一種だった。

　巡礼証明書がもらえる条件は、サンティアゴまで徒
歩か馬で100km以上、または自転車で200km以上の
巡礼をすること。これを証明するために、前ページの
巡礼手帳が必須となる。手続きにあたっては国籍や
出発地、巡礼の方法などを、巡礼事務所のHPで登録
し、事務所で申請番号のチケットを受け取る。

　サンティアゴの巡礼事務所は、かつては大聖堂の裏
手にあったが、現在はカレータス通り（Rúa das Carretas）
に移転した。近年巡礼者の数が急増しており、証明
書をもらうまでに、平日でも1時間以上、週末は3時
間以上待つこともある。HPでの事前登録制になって
からは以前よりスムーズになったが、混雑している日
には翌日の受け取りとなる場合もある。

「カリクストゥス写本」のデザインがほど
こされた巡礼証明書。2ユーロ払うと専
用の筒に入れてもらえる

巡礼証明書とは別に、出発地と歩いた
距離が記載された「巡礼距離証明書」を
発行してもらうこともできる（3ユーロ）

＜巡礼事務所＞ Oficina de Acogida al Peregrino
住所：Rúa das Carretas 33, 15705 Santiago de Compostela, A Coruña
開館時間：10:00 〜 18:00（12月25日、1月1日は休館）※休館日に到着した
巡礼者は大聖堂内の La Sacristía de la Catedral で証明書を発行してもらえる
最新情報はHPで確認を http://oficinadelperegrino.com/

巡礼事務所はパラドール脇の階段を下
りて右手に進む。左写真の看板が目印。
敷地内は広く、公園のようなスペースも

巡礼事務所では道中知り合った
仲間と感動の再会を果たすこと
も！ 記念撮影で盛り上がる

さまざまな巡礼ルート

　本書で紹介した「フランス人の道」をはじめ、聖地サンティアゴをめざす巡礼道はヨーロッパ中にある。主要なルートを紹介しよう。

イギリス人の道
（プリミティボの道）
イルン
フランス
フェロール
サン・セバスティアン
オビエド
アストルガ
北の道
サンティアゴ・デ・コンポステーラ
メリデ
フランス人の道
ソンポルト
ポルト
グランハ・デ・モレルエラ
サン=ジャン=ピエ=ド=ポー
（サナブレスの道）
アラゴンルート
ポルトガルの道
銀の道
プエンテ・ラ・レイナ
リスボン
メリダ
スペイン
ポルトガル
セビージャ

🐚 フランス人の道　Camino Francés

　フランスのサン=ジャン=ピエ=ド=ポーからピレネー山脈を越えてスペインに入るルート。全長約800kmのうち、ほとんどはスペイン国内を通っているが、フランスから入るルートであるため、こう呼ばれている。数ある巡礼道の中でも、現在もっともポピュラーで、巡礼者用の宿や道標なども一番整備されている。

　フランス国内には巡礼道の起点が4つある（P3）。パリ、ヴェズレー、ル・ピュイからの道はオスタバでひとつになりサン=ジャンへ。アルルからの道はソンポルト峠から「アラゴンルート」となり、アラゴン王国の都があったハカを通って、プエンテ・ラ・レイナで、フランス人の道に合流する。

北の道　Camino del Norte　（プリミティボの道　Camino Primitivo）

イベリア半島の北側を、海を右手に眺めながら歩く開放感のある巡礼道。バル街で知られるサン・セバスティアンや、世界最古の吊り橋であるビスカヤ橋など、見どころのある経由地が多く、フランス人の道に次ぐ人気ルート。アルスーアでフランス人の道に合流する。オビエドから分かれてメリデに至る道は、「プリミティボの道（初期の巡礼街道）」と呼ばれている。9世紀初頭に聖ヤコブの墓が発見され、アストゥリアス国王が最初の巡礼者としてサンティアゴをめざしたルートだ。

イギリス人の道　Camino Inglés

イギリスやアイルランド、北欧各地からの巡礼者に使われてきたルート。特に14世紀の百年戦争時代から、16世紀に英国国教会が設けられるまで、イギリス方面からの巡礼者が急増した。彼らはまず船でガリシアの港町フェロールに上陸し、そこから徒歩でサンティアゴをめざした。フェロールからの距離は約120km。全長が比較的短いが、巡礼達成が認められる最低100kmを満たす道であり、近年の巡礼ブームであらためて注目が集まっている。

銀の道　Via de la Plata　（サナブレスの道　Camino Sanabrés）

もともとは古代ローマ時代に交易路として栄えた道。スペイン北部で採掘された金銀やワイン、農産物などをローマの玄関口であるセビージャの港に運ぶためにつくられた。現在でもローマ時代の道標や石橋などが残る。中世以降はサンティアゴへ向かう巡礼道としてにぎわうようになった。コロンブスの墓があることで有名なセビージャの大聖堂、イベリコ豚を堪能できるメリダ、スペイン最古の大学のあるサラマンカなどを経由する。グランハ・デ・モレルエラから分かれるルートは、「サナブレスの道」と呼ばれている。

ポルトガルの道　Camino Portugués

ポルトガルの首都リスボンから北上するルート。道の8割はポルトガル国内で、当然ポルトガル人の巡礼者が多い。青い海や緑豊かな自然を感じながら歩ける道で、新鮮な魚介類も豊富。ポートワインで有名なポルトを経て、スペインに入る。カルダス・デ・レイスには温泉の足湯も。聖ヤコブゆかりの地パドロン（P96）を経由してサンティアゴに至る。

巡礼プランの立て方

「巡礼の旅」と聞くと、長くてつらいイメージがあるかもしれないが、交通網の発達した現代の巡礼は、プランの組み立て方も自由自在。巡礼の目的やライフスタイル、体力などに合わせて計画を立てよう。

基本事項

・日本～北スペイン間の移動に通常、往復4日（片道2日）かかる

・サンティアゴで最低1日は必要（大聖堂の見学、巡礼証明書をもらうなど）

・1日に歩く距離は平均して20～25km

プラン例

最短10日間！
1回で巡礼証明書を手に入れたい

「2週間以上、ましてや1カ月なんて海外に行けない。でも1回で巡礼達成したい！」という人におすすめなのが、サリア（P72）からスタートするプラン。巡礼証明書をもらうためには、サンティアゴまで継続して100km歩くことが条件。117km地点のサリアを出発すると、約5日でサンティアゴに到着する。

　サリアからは巡礼者が一気に増え、道案内や宿、バルも豊富。スペイン語や英語に自信がなかったり、山歩きに慣れていない人でも、比較的気軽に巡礼を達成できる。スタート地のサリアの教会か巡礼事務所で、巡礼手帳とスタンプを忘れずにもらうこと。サリアから歩くガイド付きのツアーも出ている。ルートの詳細は、本書の第4章「聖地までのラスト100km」を参照。

じっくり14日間！
ガリシアを満喫しながら巡礼達成

　オ・セブレイロ（P64）の少し手前からガリシア州に入る。この辺りから歩き始めると、約2週間でサンティアゴに到達する。ガリシアは森や緑が多く、自然豊か。その分雨も多いのが巡礼者にとってはやや難点だが、古代の文化を感じさせる観光地セブレイロや、タコ料理がおいしいメリデなどに立ち寄り、ガリシア特有の文化や食を堪能しながら巡礼達成できるプランだ。

本格40日間！
800kmを一気に歩いて巡礼達成

　フランス人の道のスタート地点サン=ジャン=ピエ=ド=ポーからスペインを横断し、ゴールのサンティアゴまで約800km。これを一気に制覇するなら35日から40日必要。途中でケガや体調不良に見舞われた場合、それ以上の日数がかかることもある。かなり本格的な旅となるが、ピレネー山脈をはじめとするいくつもの山や峠越え、約1カ月かけて深まる巡礼者仲間との絆など、これぞ真の巡礼の醍醐味ともいうべき達成感や感動が待っている。どっぷりと巡礼の世界に浸り、生まれ変わって帰りたいという人に。

ブルゲーテで出会った
準備万端の巡礼女子たち

分割で日数自由！
数回に分けて巡礼達成

「巡礼証明書がほしい、でもなかなかまとまった休みがとれない」「長期の巡礼は体力が不安」という人には、分割巡礼がおすすめ。都合や体力に応じた日数だけ、複数回に分けてサンティアゴをめざすプランだ。以前にもらった巡礼手帳を使って、また同じ地点からスタートすれば、巡礼達成が認められる。何年かかってもOK。同じ巡礼地でも季節や年を変えて再訪すると、また違った姿を見ることができるのも楽しい。

気軽に巡礼体験！
ハイライトを楽しみながら歩く

　バスや電車を利用して巡礼道沿いの町をめぐって観光を楽しんだり、巡礼道の一部区間だけ歩いて気軽に巡礼体験をしたりすることもできる。巡礼道沿いには世界遺産のある町、ヘミングウェイやガウディゆかりの町、グルメ自慢の町など、じっくり立ち寄りたい場所が数多い。サリアまでは交通機関を使って観光やグルメ、パラドール（P107）などを優雅に楽しみ、サリア以降のラスト100kmは歩いて巡礼達成するというのもアリ。

1日のタイムテーブル

　歩くシーズンや日数、個人の体力差などによってさまざまだが、一般的なタイムテーブルはこんな感じ。アルベルゲ（巡礼者専用の宿）に泊まる場合は、ベッドを確保するために13時頃までには到着したい。ホテルなどをあらかじめ予約している場合は、途中で昼食をとり、夕方まで歩くというパターンも可能。

6:00	起床
7:00	宿やバルで朝食、飲み物の調達
7:30	出発
9:30	バルで休憩（バルのスタンプをもらう）
10:00	歩行再開
13:00	宿に到着（宿のスタンプをもらう）
14:00	昼食（スペインのランチタイムはだいたい14〜16時）
15:00	シエスタ（昼寝）、洗濯、観光など
20:00	夕食（スペインのディナータイムはだいたい20〜23時）
22:00	就寝

ベストシーズンは？

　それぞれの季節ごとの魅力があるが、巡礼のベストシーズンは、やはり5月、6月、9月。5〜6月は気候もおだやかで、緑あざやかな牧草地や花々を楽しめる。夏休みに歩く人も多いが、暑さが厳しく虫も多い。9月は暑さが和らぎ比較的歩きやすい。10月に入ると雨の日が増える。11月下旬から3月にかけては、休業する宿やバルが多い。ピレネーなど雪で道が閉ざされるところもあるので、冬の山歩きに不慣れな人は避けたほうがいい。

聖ヤコブの年とは？

　7月25日（聖ヤコブの日）が日曜日にあたる年は「聖ヤコブの年」と呼ばれ、通常は閉じているサンティアゴ大聖堂の聖なる門（免罪の門）が開かれる。そのため非常に多くの巡礼者や観光客が集まり、宿なども混雑する。聖ヤコブの年の周期は6年、5年、6年、11年で、近年だと2010年、2021年、2027年、2032年。

※2015年12月8日〜2016年11月20日は、ローマ教皇により「いつくしみの特別聖年」と定められたため、聖なる門が特別に開かれた

宿泊先の選び方

◆ アルベルゲ　Albergue

　巡礼ならではの体験がしたい、旅費を抑えたいという人に。公営で5〜10ユーロ、私営で10〜15ユーロが目安。予約不可・先着順だが、近年はネット予約できるところも。原則1泊で、チェックアウトは朝8時。門限はたいてい22時。シャワーやトイレは共同。男女同室の相部屋で、二段ベッド。マットのみなので寝袋は必須。鍵付きの小さなロッカーのある宿が多いが、貴重品の管理は自分自身で。

◆ ペンシオン　Pensión

　アルベルゲはちょっと不安、事前予約で宿を確保しておきたい、個室でゆっくりしたいという人に。宿泊料の目安は20〜40ユーロと安いが、シャワーやトイレは共同が多い。ほかにカサ・ルラル（Casa rural）という民宿も、田舎の巡礼道ではよく見られる。

◆ オスタル　Hostal

　建物の一部（たとえば2階だけなど）が宿になっているカジュアルなホテル。シャワーやトイレ付きの個室が一般的。アルベルゲに泊まらない場合、特に大きな町のない後半の巡礼では、このオスタルにお世話になることが多い。1階にはたいていバルがある。

◆ オテル　Hotel

　設備が整っていて、館内にきちんとしたレストランなどもあるいわゆるホテル。一番値段が高いが、快適に体を休めることができる。浴室にバスタブのないホテルも多い。

※本書では撮影の都合上、基本的に予約がとれるペンシオンやオスタル、オテルなどを紹介している。アルベルゲの情報は、P113で紹介するガイド本や、現地の巡礼事務所、観光局などで手に入る

◆ パラドール　Parador

　ラグジュアリーな気分を味わいたい、スペインの歴史や文化を感じたいという人におすすめ。半官半民で運営されるスペインの高級ホテルチェーン。修道院や貴族の館などの文化財を改修して宿泊施設としている。フランス人の道には5つのパラドールがある（P38、P48-49、P58、P92-93参照）。レストランやバルだけでも利用する価値あり。

〈パラドール日本総代理店〉イベロ・ジャパン　TEL：03-6228-1734　http://www.ibero-japan.co.jp/

装備と持ち物

長距離を歩いて移動する巡礼は身軽が一番。たいていのものは現地調達できるので、行きの荷物はバッグに余裕をもたせて。

巡礼の装備

◆**トレッキングシューズ**……巡礼達成の命綱ともいえる重要アイテム。コンクリート、山道、泥の中などさまざまな道を歩くことになる。専門店で自分の足に合うものを選び、履き慣らしておくこと。防水素材がよい。靴の泥よけカバーもあるとなおよい。

◆**ストック**……坂道や山道も歩くのでストックは必需品。木の杖は巡礼ムードは高まるが、現実的には登山用のストックを2本使うほうが、体の負担が軽減される。できるだけ軽いものを用意。機内手荷物では持ち込めないので、必ず機内預けにすること。

◆**リュック**……30〜50Lのもの。巡礼者用の荷物運搬サービスを利用すれば、歩いているとき荷物を持ち運ばなくて済むが、エレベーターのない宿も多いので、スーツケースではなく大きめのリュックのほうがおすすめ。(荷物運搬サービスは、冬場は休業が多いので注意)

◆**リュック (小)** ……荷物運搬サービスを利用する場合、現金や巡礼手帳など必要最小限の品だけを小さなリュックに入れて持ち歩く。雨具や飲み物くらいは入る大きさがあったほうがいい。サンティアゴ大聖堂内はリュックの持ち込み禁止なので、サブバッグも用意するといい。

◆**巡礼手帳入れ**……巡礼手帳は雨で濡れないよう、ビニール製のケースに入れて持ち歩く。

◆**衣類など**……シャツや下着は各2〜3枚ずつ用意して、宿で洗濯しながら使うため、通気性がよく乾きやすいものを。
・Tシャツ (現地でも購入できる)
・長袖シャツ (通気性のよいものは夏でも日よけに)
・ズボン (動きやすく撥水性のあるもの。デニムは乾きにくいのでNG)
・靴下 (登山用の厚手のもの)、下着
・手袋 (冬場の防寒や、岩場を歩いたりするときに)
・防寒具 (夏でも山間部は寒い。フリースや厚手のパーカを1枚は持っていく)
・レインウェア (上下セットのものを持ち歩くと安心。防寒具にもなる)
・レインポンチョ (リュックをすっぽり覆うタイプのものを)
・帽子、サングラス (日差しはとても強い)
・帆立貝 (巡礼者のシンボル。リュックや杖にぶら下げて歩く。現地で調達可)

宿で使うもの

◆**寝袋**……アルベルゲに宿泊する場合はマスト。

◆**タオル**……アルベルゲに宿泊する場合はマスト。オスタルやペンションに泊まる場合も、フェイスタオルを1枚持っていると安心。

◆**サンダル**……歩き終えて、部屋でリラックスするときに。

◆**歯磨き＆入浴セット**……日本の宿のように歯ブラシやシャンプーが置いてあることは少ない。

◆**洗濯用具**……洗剤、洗濯バサミ、洗濯ロープ

あると便利なもの

◆**筋肉サポートタイツ**……はくと足の疲れ具合がずいぶん変わってくる。アウトドア専門店やスポーツ用品店で購入できる。

◆**シルクの5本指ソックス**……厚手の靴下の内側にはくとマメ防止になる。厚手の靴下は乾きにくいので、天気の悪い日は内側のソックスだけ洗濯するという技も。

◆**日焼け止め**……現地でも購入できるが、自分の肌に合ったものを持参すると安心。

◆**テーピング、湿布**……歩き疲れて足が痛くなったときに。

◆**ワセリン**……マメ防止に毎朝、足の指の間に塗る。乾燥防止にもいい。

◆**筆記用具**……巡礼中に出会った人との筆談や、連絡先の交換などの際に活躍。

◆**スマートフォン**……道中のバルやレストランではWi-Fiが使えるところが多いので、ルートの確認などができる。もちろんカメラとしても。

◆**ティッシュペーパー、除菌ウェットティッシュ、ビニール袋**……何かとお役立ち。

◆**飴、梅干し**……歩き疲れたとき用に、飴や梅干しなどを。日本のお菓子は道中出会った人にあげると喜ばれる。梅干しで異文化コミュニケーションを図るのもいい。

◆**水筒**……巡礼道沿いには飲料水をくめる場所がある。

旅の必需品

◆**パスポート**……フランス、スペインともに、出国日から3カ月以上の残存有効期限が必要とされている（2024年3月現在）が、最新情報は、航空会社や旅行代理店等で必ず確認を。顔写真のページのコピーも携帯すること。

◆**現金**……巡礼道の土産物店やバルでは、クレジットカードが使えないこともある。おつりがないなどの理由で100ユーロ札や50ユーロ札も使えないので、10ユーロ札や小銭の用意を。

◆**クレジットカード**……身分証代わりに使えたり、途中で現金が足りなくなったときにATMのキャッシングサービスを利用できたりするので、1枚は持っているといい。暗証番号を確認しておくこと。VISAかMASTERがヨーロッパでは主流。

◆**Cタイプのプラグ**……日本とはコンセントの形状が異なる。携帯電話の充電などにはCタイプへの変換プラグが必要。スペインの電圧は220Vで、これに対応していない電化製品を持っていく場合は変圧器も必要となる。

巡礼 Q&A

Q スペイン語も英語も
全く話せないが、大丈夫？

A できるに越したことはないが、実際には世界中からスペイン語も英語も話せない人がたくさん来ているのでなんとかなる。現地の人は、英語が話せないことも多いので、基本的なスペイン語はメモなどしておくと安心。

Q キリスト教徒ではないが問題ない？

A 巡礼手帳を購入したり、巡礼宿にチェックインをする際に、信仰の有無をたずねられることはあるが、キリスト教徒でなくても全く問題ない。教会のミサも参加できる。ただし、ミサの最後に聖体を配る儀式（聖体拝領）で、聖体を受け取れるのは洗礼を受けている信者だけ。サンティアゴの道を歩く理由は人それぞれだが、信仰の道、祈りの道であることを忘れずに歩きたい。

Q お金は、いくらくらい持っていけばいい？

A 宿泊費を除いて1日にかかる金額は、およそ20〜30ユーロ（食費、休憩時の飲み物やおやつ、雑費）。宿泊費は、泊まる宿のタイプによってかなり異なる（P107参照）。あとはお土産代。大きな店やホテルではクレジットカードが使える。

Q 女性ひとりでも危なくない？

A 基本的に巡礼道は治安がよくて安全。現地の人も巡礼者もフレンドリーで親切な人が多く、巡礼道は独特のやさしく平和な空気に包まれている。ただ、それに慣れすぎると警戒心が鈍ってくるので、大きな町へ出るときや夜間の行動には十分注意を。

Q 方向音痴で、地図を読むのが苦手な人でも歩ける?

A 巡礼道に入ってしまえば基本的に1本道。黄色い矢印や道標に沿って歩けば、たいてい迷うことはない。迷うとしたら、巡礼道から外れた宿やレストランに行く場合。宿やバルはWi-Fiが入るところが多いので、心配であれば出発前にスマートフォンで、その日のルートや宿の場所を確認しておくといい。言葉がわからなくても、行きたい場所の名前をメモで示したりすれば、地元の人や周りの巡礼者が助けてくれる。そういった交流も巡礼の旅の醍醐味のひとつ。

Q 体力に自信がないが、巡礼達成できる?

A 現地へ行くと、お年寄りや子どももたくさん歩いている。過剰に不安を感じる必要はないが、もちろん無理は禁物。最近は交通網も発達しているので、バスや電車を使って、険しいルートは一部飛ばしてしまったり、いざとなれば途中のバルでタクシーを呼んでもらったりすることもできる。モチーラ(Mochila)と呼ばれる荷物の運搬サービスを利用したり、靴やストックなど装備の工夫(P108)によっても、体力消耗は大幅に軽減できる。自分の体調や体力と相談して無理のない計画を立てよう。モチーラは冬場はサリア以降を除いて休業が多いので、荷物の運搬はタクシーを利用することになる。

Q 食事が口に合うか心配……。

A スペイン料理は野菜や魚介類が豊富で、西洋料理の中でも日本人の口になじみやすいといわれている。グルメは旅の楽しみ。各地の郷土料理をぜひ堪能してほしい。道沿いに飲料用の水道があるが、不安ならばペットボトルの水を購入すればよい。注意したいのは食事の時間。昼はだいたい14時くらいから、夜は20時くらいからで、日本とは2時間ほどずれている。しかも量が多いので、無理に食べておなかを壊したり、頼みすぎたりしないように。

Q 「寄付」とある場合、どれくらい渡せばよい?

A アルベルゲの宿泊代や、休憩所に置いてある食料などが寄付制となっている場合、感謝の気持ちで無理のない程度にすればよい。無料ではないので、良識の範囲で対応を。気をつけたいのは、道中、巡礼者に署名などを求めて、寄付金を要求したりする人がまれに出没すること。言っていることが理解できなかったり、内容に賛同できない場合は、無理に出す必要はない。

覚えておくと便利！ 巡礼スペイン語帳

《食べる》

メヌー　menú　定食（メヌー ペレグリーノ　menú peregrino　巡礼者用の定食）
トルティージャ　tortilla　スペイン風じゃがいも入りオムレツ
エンサラーダ　ensalada　サラダ
ソパ　sopa　スープ（ソパ デ アホ　sopa de ajo　ニンニクスープ）
ボカディージョ　bocadillo　バケットのサンドイッチ
ケソ　queso　チーズ
ハモン　jamón　ハム
ウエボス　huevos　卵
ポジョ　pollo　鶏肉
セルド　cerdo　豚肉
テルネーラ　ternera　牛肉
フラン　flan　プリン
タルタ　tarta　ケーキ

《飲む》

セルベッサ　cerveza　ビール
カーニャ　caña　生ビール
コパ　copa　ビールやワインのグラス
ボテージャ　botella　ボトル
ビノ ティント vino tinto　赤ワイン
ビノ ブランコ　vino blanco　白ワイン
スーモ　zumo　ジュース
スーモ デ ナランハ　zumo de naranja　オレンジジュース
スーモ ナトゥラール　zumo natural　生絞りジュース
アグア　agua　水（アグア ポタブレ　agua potable　飲料用）
アグア シン ガス　agua sin gas　炭酸なしミネラルウォーター
アグア コン ガス　agua con gas　炭酸入りミネラルウォーター
カフェ　café　コーヒー
コルタード　cortado　少量のミルク入りエスプレッソ
カフェ コン レチェ　café con leche　カフェオレ

《話す》

オラ　Hola　こんにちは
ブエン カミーノ　Buen camino　良い巡礼を
アスタ ルエゴ　Hasta luego　またね
シー　Si　はい
ノー　No　いいえ
ディスクルペ　Disculpe　すみません
グラシアス　Gracias　ありがとう
エスタ リコ　Está rico　おいしい
〜ポルファボール　〜 por favor　〜をお願いします
ラクエンタ ポルファボール　La cuenta por favor.　会計をお願いします
クアント エス　¿Cuánto es?　いくらですか？
ドンデ エスタ〜　¿Dónde está〜?　〜はどこですか？

おすすめ巡礼ガイド本

　サンティアゴへの道、特に「フランス人の道」は、黄色い矢印やホタテ貝の標識が親切に導いてくれるし、現地の巡礼宿や観光局では無料のローカルマップも手に入る。とはいえ日本語のガイド本はやはり心強いし、先達の知恵と愛が詰まっている。道にまつわる伝説や歴史を知れば、旅の楽しさはさらに深まる。

増補改訂版
聖地サンティアゴ巡礼
日本カミーノ・デ・サンティアゴ友の会著
（ダイヤモンド社刊）

巡礼中の主要地の情報と行程表が、コンパクトにまとまっているので、現地に持参する1冊として便利。スペイン語の数字や会話集つき。日本のサンティアゴ巡礼友の会が著者。友の会の公式HPも最新の巡礼情報の確認に役立つ

増補改訂版
サンティアゴ巡礼へ行こう！
中谷光月子著
（彩流社刊）

サンティアゴ巡礼を知り尽くすカリスマガイドによるカミーノ解説本。スペインの歴史や文化から、各地の宿やグルメ情報まで、巡礼道を実際に100回以上歩いている中谷氏にしか書けない、詳細な情報が満載。旅立つ前の必読本だ

海外のガイド本

標高図入りのマップが充実しているのはこの2冊。左がJohn Brierleyで右がミシュラン。いずれも現地の書店や巡礼用品店で手に入る。John Brierleyのほうが、ページ数が多く、道も詳しく書かれているが、過信は禁物。なにしろマップの情報や数値は本によってバラバラなので、自分の嗅覚を信じたほうがよいことは多々ある

 番外編1

星の巡礼
パウロ・コエーリョ著
山川紘矢＋山川亜希子訳（角川文庫）

ブラジル出身のベストセラー作家パウロ・コエーリョが、サンティアゴ巡礼の体験をもとにまとめた自伝的小説。この作品に憧れてカミーノを歩く人も多く、世界中の巡礼者たちのバイブル

 番外編2

巡礼道イラストマップ

今回の取材旅行のために、イラストレーターの目で撮影ポイントを教えてくれた、植野めぐみさん作のカミーノマップ。かわいい絵地図に道中の宿やバル、観光名所が詳しく書き込まれていて、見ているだけでワクワクする。オンラインショップ「アトリエ・ちきゅうの道Stores」で販売中
https://camino-de-tierra.stores.jp/

星に導かれて
巡礼の旅へ
Memorias del Camino de Santiago

サンティアゴの道を歩くきっかけは、人それぞれ。自分には縁のないことと思っていても、その日はふいに訪れる。筆者の場合も、まさかこんなに何度も巡礼をくり返すことになるとは想像もしなかった。本書の新装版の出版にあたり、そもそもの始まりから改めて振り返ってみた。後半では2019年冬の巡礼日記も紹介する。

◆ ◆ ◇ ◆ ◇ ◆ ◆ ◇ ◆ ◆ ◇ ◆ ◆ ◇ ◆ ◇ ◆ ◇ ◆ ◇ ◆

星の道からの誘い

　サンティアゴの道のことを教えてくれたのは、スペインから帰国したばかりの画家の友人夫妻だった。マドリッドでの個展を終えたあと、北スペインの古都レオンからサンティアゴ・デ・コンポステーラまで、「星の道」と呼ばれる巡礼路をたどったという。今から20年以上前のことだ。

　私は出版社に勤めていて、西洋の魔術や占いの本を作っていたが、ヨーロッパに行ったことは一度もなかった。自由な時間もお金もなくて、長い休暇をとってスペインを歩くなんて、遠い夢の世界だった。

　レオンの旧市街の美しさや、大きな振り子のように頭上を行き来するボタフメイロの儀式など、私はうっとりと聞き入った。帰り際、彼らが私に手渡してくれたのが、聖母マリアをかたどった小さな銀の鈴と、パウロ・コエーリョの小説『星の巡礼』だった。チリンと鈴が鳴ったその瞬間から、巡礼の旅は始まっていたのだと思う。

　カードが一枚ずつ手元に配られるように、時間をかけてゆっくりと、聖地へのトビラが開いていった。最初はメキシコ、そしてアメリカのセドナ、ハワイ、スリランカ、イスラエル……。特にセドナは、縁あって年に何度も訪れるようになり、Spitravel（スピトラベル）というペンネームで、聖地のガイド本を書かせてもらったりもした。

　最後のカードが配られたのは、2015年の夏。まさか難しいだろうと思っていたサンティアゴ巡礼本の企画が通った。私は会社を辞めて、巡礼の旅に出ることにした。

　何事にも「先達はあらまほしきことなり」と徒然草にあるが、私の先達となってくれたのは、カリスマガイドの中谷光月子さんだ。カミーノの生き字引というべき中谷さんの名著『サンティアゴ巡礼へ行こう!』を愛読していたので、迷わず彼女のツアーに参加した。2015年の秋、これが私のサンティアゴ巡礼デビューだ。

　サリアからラスト100kmを歩く初心者向けツアーで、参加者は7名。私が一番若いのに、一番体力がなかった。しかも初日からポルトマリンの橋の鉄柱につま先を

ぶつけて負傷し、2日目からは足をひきず って最後尾を歩くことになった。もう散々 である。私が思い描いていたスピリチュア ルな旅とは、似ても似つかない……しかし、 たどり着いたサンティアゴ大聖堂のボタフ メイロで、みんなで抱き合って大泣きしてし まった。後にも先にも、サンティアゴであ んなに泣いたのは、あの一度きりだ。

さて、誰かが「良き行い」をしようとす るとき、宇宙が全力を挙げてその人を応 援するのだと、パウロ・コエーリョの小説 に書いてある。私の場合、宇宙から遣わ された「応援」は、写真家の井島健至 氏であった。井島氏も『星の巡礼』を読 んでいて、1カ月に及ぶ巡礼の旅にカメラ マンとして同行いただけることになった。

私と井島氏、そして長年私のアシスタン トを務めてくれている彩ちゃん。この3人の 旅になるはずだったが、宇宙はもう1人、 旅人を送り込んできた。熊野本宮に住 む鳥居泰治さんである。サンティアゴ巡礼 道と熊野古道は1998年に姉妹道となっ ている。鳥居さんは、熊野本宮大社の鳥 居をつくった宮大工の末裔。いわば、熊 野の神に仕えるヤタガラスの化身(かもし れない)ということで、丁重にもてなすこと にした。その気持ちに偽りはなかったのだ が……詳しくは、128ページからの「ヤタ ガラスの巡礼日記」をお読みいただきたい。

起こることはすべて必然!?

出発の日取りは、2016年5月9日と決 まった。なにしろ取材日数は限られている。 40日間の行程を、28日間で回らなくては

いけないのだ。「効率」という、巡礼に は最もそぐわない言葉が、私の頭の中を 駆けめぐっていた。結局、旅の前半はと ころどころロケ車で移動することになった。

とても残念だがやむを得ない。なるべく 目立たないように、小型のロケ車を手配し た。くれぐれも「バス」はやめてねと手配 会社に何度も念を押したが、巡礼初日の 朝、サン=ジャン=ピエ=ド=ポーで私たちを 待っていたのは、20人乗りの大きなバスだ った。そして英語を話すという触れ込みの ドライバーは、スペイン語しか話せなかった。

初日から絶望的な気分になったけれど、 カミーノで起こることは全て必然であり、 深い意味があるのだとお互いに言い聞か せ、私たち4人の巡礼者は、その大げさ なバスに乗り込んだ——。

薄々お気づきかもしれないが、私は決し て、体育会系でもアウトドア派でもない。 しかしセドナに通うようになってからは、ロ ングトレイルを歩いたり岩山を登ったり……。 今から思うと、すべてがカミーノに向けて 仕組まれていたのかもしれない。アシスタン トの彩ちゃんは若くて元気があり、何よ り強靭な胃袋を持っていた。どんなに疲れ ていても、おいしそうに飲んで食べる姿に

サン=ジャンの 駅にて彩ちゃん (左)と。熊野 の皆地笠とヤタ ガラスTシャツお そろいで

は心癒された。ロケを得意とする井島氏は、もちろんすばらしく健脚である。

心配だったのは還暦まであと2年の鳥居さんだが、さすが熊野古道を歩きつけているヤタガラスだった。しかも英語もスペイン語もできないと聞いていたのに、3日目には1人でバルに入って、地元のおっちゃんたちと談笑していた。あなどれない。

はなはだ場違いな私たちのバスは、巡礼者たちの注目の的で、何度も恥ずかしい思いをしたが、撮影はすこぶる順調だった。ドライバーのアベルは、道を知り尽くしているベテランで、スペイン人のイメージをくつがえす几帳面な性格。時間にも正確で、なんだか私たち以上に日本人的だった。

日の出とともに起きて、撮影しながら巡礼道を歩き、バルでワインを飲み、またひたすら歩いて宿に倒れ込む。時にはアベルのバスで、次の村まで移動する。

相変わらず、私の頭の大半を占めていたのは「いかに効率よく取材をこなすか?」ということだった。せっかく会社を辞めて、巡礼の旅に出たのに、私の思考回路も行動パターンも、会社員のままだった。

星降る町といわれるエステージャでは、大きな磐座を背にした旧市街のアパルトメントホテルに泊まった。雰囲気のあるベランダには、誰よりも早く着いた鳥居さんの洗濯物が干されていた。井島氏は巧みにそれが見えないように撮影した。

レストランで乾杯した瞬間、バラバラと激しい音を立てて大粒の雹が降ってきた。この町ではしょっちゅうこんなことが起こるのかと驚いたが、町中の人が大騒ぎして

いたので、滅多にないことのようだった。これは吉兆に違いないと、井島氏と鳥居さんはいつにもまして大いにワインを飲み、彩ちゃんは大いに食べたのだった。

これ以上ないほど素晴らしい仲間たちと、ずっと夢みていた「星の道」を歩いているというのに、私の心は晴れなかった。歩いても歩いても、私は私のままだったからだ。このまま最後まで歩いても、何も変わらなかったら? 想像するだけで恐ろしかった。

魔法の時間

旅の折り返し地点も間近。カストロヘリスは、魔法にかかったような村だった。城塞のある丘をぐるりと取り巻いて、白茶けた家並みが続く。シエスタの時間なのか、私たち以外に人影はなく、死んだように静まり返っていた。教会の壁に髑髏のレリーフが2つ。井島氏が吸い寄せられるようにシャッターを切っていたのを覚えている。

いつの間にかみんなとはぐれて、独りになっていた。石畳の道にゆらゆらと陽炎が立ち、頭が少しぼんやりした。

丘の上のお城まで行ってみようと、ふと思った。ちょっとくらい遅れても、みんなに追いつけるだろう。巡礼の道をそれて、

カミーノ沿いの教会で髑髏はめずらしい

すぐ近くに見えたお城だったが…

私はゆっくりと丘を登り始めた。

すぐ近くに見えていたのに、道は意外に険しくて難儀した。ようやく頂上にたどり着くと、城は訪れる人もなくさびれていたが、眼下には想像した以上のパノラマが広がっていた。緑の大地がどこまでも力強くうねっている。風が耳元でビュービューと音を立てていた。あなたは巡礼者なのだと、何かが語りかけてきたような気がした。

どれくらい時間が経ったのか、はっと我にかえり、もと来た道を下りようとして、下りられないほど急な坂だと気がついた。炎天下で、全身ひやりと冷たくなった。助けを呼ぼうにも人の姿はなく、携帯電話は風で電波が乱れて通じない。ここに来るまで誰にも会わなかったし、次に旅人がやって来るのは、数日後かもしれない……。

そのときチリンと鈴の音が聞こえた気がした。崖の下の方から、白い衣を着た人たちが一列になって登ってくる。幻覚を見ているのかと思ったが、それは修道僧の一団だった。中でも若い修道僧が、私にすっと近づいてきた。そして器用に私の腕を支えて、安全な場所まで導いてくれた。まるで『星の巡礼』のワンシーンのようだった。

無事にみんなと合流し、モステラーレス峠を越えながら、私はたった今起こったことを反芻していた。古い私は、あの丘の上で死んだのかもしれないと思った。とりたててどこが変わったとも思えなかったが、修道僧が迎えにきたのだから、きっとそうなのだろう。もしかしたら、新しい私は、サンティアゴで待っているのかもしれない。

モステラーレス峠の手前で、待っていてくれた仲間たち

イテロの橋のたもとで、私たちは難所の峠を越えた喜びを、他の巡礼者たちと分かち合った。まさに巡礼の醍醐味だ。そこに近づいてきたのが大きなバスである。几帳面なアベルが時間を守っただけなのだが、非常に気まずいタイミングだった。

巡礼者たちが目を丸くする中、私たちはバスに走り込んだ。「ごめんなさい！ 次は絶対に全部歩きますから！」窓の外に向かって、彩ちゃんが叫んだ。私も井島氏もそして鳥居さんも、同じ気持ちだった。

＊　　＊　　＊

レオンの先で、お世話になったアベルのバスともさよならだ。別れ際に、彼がサンティアゴのあるガリシア出身だと知った。北スペイン、特にガリシアの人たちはシャイで生真面目で、日本人に気質が似ていると聞いたことがある。最初は完全な手配ミスに思えたアベルも彼のバスも、私たちの巡礼のために特別に用意された存在だったということは、疑いの余地がない。

また再び、巡礼の旅に出ることがあったなら、今度は1メートルのズルもなしに歩き通したい――イラゴ峠の鉄の十字架に石をささげながら、私は祈った。それが実現したのは、3年後。宇宙が私に遣わしてきたのは、これまた意外な人物だった。

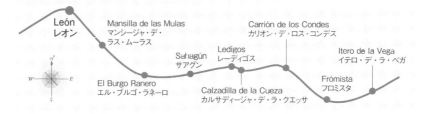

León
レオン

Mansilla de las Mulas
マンシージャ・デ・
ラス・ムーラス

Carrión de los Condes
カリオン・デ・ロス・コンデス

Sahagún
サアグン

Ledigos
レーディゴス

Itero de la Vega
イテロ・デ・ラ・ベガ

El Burgo Ranero
エル・ブルゴ・ラネーロ

Calzadilla de la Cueza
カルサディージャ・デ・ラ・クエッサ

Frómista
フロミスタ

冬のカミーノ

　2019年の12月。思い出深いイテロの橋のたもとで、私はトレッキングシューズの紐を結び直していた。3年前は新品だったシューズもすっかり貫禄がついていた。

　「いよいよやね」と、おそろいの皆地笠にヤタガラスTシャツを着た相棒が言った。幼なじみで音楽家のMiwakoだった。初めての冬のカミーノを前に、いつになく緊張しているように見える。背負っているのは、5キロの重さのアルトサックス。楽器ケースに結びつけられたホタテ貝と、熊野本宮のお守りの木札が風に揺れていた。

　Miwakoはすぐれた作曲家であり、アルトサックスとフルートの演奏家でもあった。私が覚えている小学校時代の彼女は、ピアノが上手でおっとりしたお嬢さんだった。高校を卒業して、東京で30年ぶりに再会した彼女は、やっぱりおっとりしていたが、青山のライブハウスで、初めて彼女のサックスを聴いて、私は胸を突かれた。黒人のジャズミュージシャンを思わせる、骨太で土着的な、そしてやりきれない悲しみのかすかに混じった音だった。この30年の間、彼女に何があったんだろうと私は思った。

　冬のサンティアゴ巡礼は、私も初めての経験だった。イテロ・デ・ラ・ベガから、

レオンまでの130kmを7日間かけて歩く。荒涼としたメセタの大地が果てしなく続くルートだ。バルや宿も少なく、冬場は閉まっていることも多い。夕方6時を過ぎると、あたりは暗くなる。メセタの真ん中で日が落ちてしまったりすると命にかかわるが、Miwakoは大丈夫だろうか？　なにしろ彼女は、とんでもなく歩くのが遅いのだ……。

　Miwakoの巡礼デビューは熊野古道だった。誘ったのは私だったが、歩き始めてものの5分もしないうちに、私は後悔していた。これほど歩くのが苦手だとは思わなかったのだ。しかも本当に苦しそうに歩く。よく考えてみたら、彼女は夜な夜な酒場でサックスを吹く「筋金入りの夜の女」だ。もう二度と来ないだろうな……と思っていたら、どういうわけか、すっかりハマってしまったようで、それから何度も熊野を歩き、続いてサンティアゴ巡礼のラスト100kmを踏破した。サン＝ジャン＝ピエ＝ド＝ポーからモステラーレス峠までの340kmも私と一緒に歩き通している。

　なんだかもう冗談みたいな展開だったが、

大好きなブルゴスのバル街にて

これだけ巡礼をくり返しても、Miwakoの遅さは変わらなかった。人が3時間で歩く距離なら、彼女は6時間以上かかった。私はそのことにあきれたり、イライラしたり、絶望したりしたが、そのうちなんとも思わなくなった。きっと前世からの約束か何か、彼女なりの理由があるのだ。私のすべきことは、日没前にMiwakoが宿に着けるよう、完璧なスケジュールを組むことだった。

楽器を背に、気合十分のMiwako

1日目 イテロ・デ・ラ・ベガ→ フロミスタ（14.3km）

イテロの橋をあとにして、冬の巡礼がスタートした。メセタを左右に切り分けて、カミーノがまっすぐ延び、地平線の向こうに消えている。今日は距離が短いので、私はMiwakoに歩調を合わせてのんびり歩いた。私たちの他に巡礼者の姿はなかった。どれだけ寒いかと覚悟していたのに、小春日和で少し拍子抜けした。

ボアディージャ・デル・カミーノまでの8.5kmを2時間半で歩けたのは上出来だった。バルに立ち寄ると、ワインはめずらしく白を勧められた。そういえば、ここはもうカスティージャ・イ・レオン州だ。ルエダのヴェルデホを飲まない手はない。なにしろお隣のラ・リオハ州では、バルで白ワインを頼もうものなら、「なぜ白？ どうして赤を飲まないの？」と言われたものだ。

有名なサン・マルティン教会を囲むように広がるフロミスタは、品のある美しい町だった。町一番のホテルも二番目も、冬季休業中だったが、私たちが泊まったオテル・サン・ペドロも悪くなかった。どう見てもオテルではなくオスタルなのだが、巡礼者はそんな細かいことを気にしてはいけない。

レストランも休業中で、あわや夕食難民だったが、宿のすぐそばにオアシスを見つけた。El Chiringuito del Caminoは、地元民が集うアットホームなバルで、Miwakoがサックスとフルートを吹いて盛り上がり、最後はマスターと地元民と巡礼者入り乱れてのどんちゃん騒ぎとなった。

締めはマスター奢りの蒸留酒、オルホで！

2日目 フロミスタ→カリオン・デ・ ロス・コンデス（20.3km）

冬の日の出は遅く、8時を回ってようやく辺りが白んでくる。Miwakoは暗いうちに出発していた。どんなに遅くまで飲んで騒いでも、翌日平気なのはさすが夜の女だ。私は1時間遅れで出発し、あとから追いかける。これが我々の基本的なパターンだった。今日のルートは国道沿いの一本道なので、迷いようがない。途中の4つの村のどこかで追いつけばよかった。

こんな道がず——っと続く

昨日とはうって変わって肌寒く、雨まじりの空だ。2つ目の村を過ぎてもMiwakoの姿はなかった。バルもないので先を急いだのだろう。3つ目の村まで来て、さすがにおかしいと思い始めた。まさか追い越してしまったのか？　道端で30分ほど待った。韓国人の女の子の二人連れが歩いてきたので聞いてみたが、笠をかぶって楽器を背負った日本人女性は見なかったという。

結局、Miwakoに会えないままカリオンに着いてしまった。なんの変哲もない田舎の町だ。狭い石畳の道をはさんで、ごちゃごちゃと店が並んでいる。宿は、橋を渡った町外れのオテル・レアル・モナステリオ・デ・サン・ソイロ。壮麗な修道院を改装した高級ホテルだ。楽しみの少ない今回の旅では、できるだけ上等な宿に泊まることに決めていた。私はとりあえずバスタブにお湯を張り、冷えきった体を温めた。

Miwakoが到着したのは、それから2時間後だった。フロミスタを出て、すぐに道を間違え、迂回路（うかいろ）を歩いてしまったという。一体、そんなことってあるのだろうか？　彼女は地図を見なかったのだろうか？

無事で安心したものの、私は軽く不機嫌になってしまった。Miwakoは無邪気なもので、スマホで撮った迂回路の写真を見せてくれた。川沿いの木立の中の清々（すがすが）しい道だった。私が歩いてきた国道沿いの道より、

あきらかに素敵だ。もしかして、こちらの道の方が正解だったのではなかろうか？

夕食後の散歩に訪れたカリオンの町は、昼間とは一変していた。赤と白のクリスマスイルミネーションが町中に溢（あふ）れ、おとぎの国のようだった。どの店のディスプレイも個性的で可愛かった。Miwakoは歓声を上げながら、夢中で写真を撮っている。私に見えていないものを、彼女は見ているのかもしれない。ふとそんな風に思った。

広場にはキラキラ電飾のツリーも！

3日目　カリオン・デ・ロス・コンデス→レーディゴス（22.4km）

修道院ホテルの素晴らしい朝食を、私は優雅にゆっくりといただき、3時間遅れで出発した。私にだって楽しむ権利はある。途中16km先のカルサディージャ・デ・ラ・クエッサまでは、大草原の一本道が続く。

気分よく小1時間歩いたとき、携帯電話が鳴った。レーディゴスの宿からだ。なんと給湯器が故障したので、私たちを泊められなくなったという。その村に他に宿はない。紹介されたのは手前のカルサディージャのオスタルだった。「しまった!」と思わず声が出た。今日に限ってMiwakoは、

遥か先を歩いている。間に合うだろうか?

私は目まぐるしく計算した。あと2時間でカルサディージャに着かないと、彼女は村を通り過ぎてしまう。私はおもむろに、カミーノを全速力で走り出した……。

結論からいうと、村の出口のところで、笠をかぶった彼女の後姿が見えた。疲れ果てて叫ぶ力もなかったが「ミワコさーん」と声を振り絞った。私のすぐ前を歩いていたイタリア人のおじさんも「ミワコサーン」と一緒に叫んでくれた。

カミーノ・レアルという古びたオスタルで、私たちはとても温かいもてなしを受けた。泊まっているのは私たちだけだったがMiwakoはバルで演奏し、宿のみんなを喜ばせた。結局これも天の計らいだったのだ。

※カルサディージャ泊のため実際の歩行距離は16.3km

オスタルの素朴な夕食プレート。これが意外においしかった

4日目 カルサディージャ・デ・ラ・クエッサ→サアグン (21.7km)

冬の巡礼者は本当に少ない。特に今回のようなマイナーな行程ではなおさらだ。道は単調で、さほど見どころもないということで、3年前の取材ではバスで飛ばしてしまった。そのことを謝りたいくらい、実は魅力的な道だと、私は気づき始めていた。

どう見てもホビットのお家

途中のモラティノスにはホビットの住処(すみか)のような横穴があった。500年前のボデガ(ワイン醸造所)跡だった。バルとして営業しているボデガがあったので、迷わず暖簾(のれん)をくぐった(もちろん暖簾はないのだが)。濃い味の赤ワインと、お勧めの魚のスープ。いずれも驚くべきおいしさで、私は舌鼓を打った。窓辺には看板猫が5、6匹、ひなたぼっこしていた。食事を終えて外に出ると、彼らもお昼の時間だった。ものすごく熱心に食べている。店の女の子が私にウインクして「ペスカードよ」と言った。私と同じものを食べていたのだ。

5日目 サアグン→エル・ブルゴ・ラネーロ (18.7km)

サアグンは大きな町で、宿もたくさんあったが、そのほとんどは閉まっていた。私が予約した宿も、2日前になって「閉めるからキャンセルしてほしい」という連絡があって慌てた。マヨール広場に面したオスタル・エル・ルエドに泊まれたのは、本当にラッキーだった。翌朝は、私もいつもより早めに宿を発ち、冷たい雨の中を歩いた。

途中の村で趣きのあるバルを見つけたので、温かいスープを注文し、濡れた手袋を乾かした。そのままそこに置き忘れてしまったのは一生の不覚だった。長年巡礼をともにしてきた手袋と、そんな風に別れて

しまい、申し訳ない気持ちでいっぱいだ。

※手袋は後日、雨具のポケットから無事発見された

　今夜の宿、オテル・カスティージョ・エル・ブルゴは、ドライブインに併設のモーテルだ。旅行者や地元の若者たちでにぎわっていて、中世の巡礼の世界から一気に現代に引き戻された。Miwakoは先に到着していて、食堂のカウンターで生ビールを飲んでご機嫌だった。気のせいか、ずいぶん歩くのが速くなったみたいだ。

すっかり余裕の表情のMiwako

6日目 エル・ブルゴ・ラネーロ→マンシージャ・デ・ラス・ムーラス（19.3km）

　巡礼6日目にして初めて、途中のレリエゴスのバルで巡礼者と一緒になった。韓国人のキムさんとイタリア人のロベルトだ。クリスマスイブにサンティアゴに到着するつもりだと言う。セブレイロ峠は大雪だと聞いていたが、彼らなら大丈夫だろう。
　キムさんは済州島（チェジュ）でレストランを経営していて、冬のシーズンオフは毎年店を閉め、世界を旅しているという。ロベルトはあまりしゃべらず、キムさんの奢（おご）りのチュロスを静かにかじっていた。寡黙なイタリア男もいるということを私は知った。

　マンシージャの宿はすべて閉まっていたので、アパルトメントホテルを予約していた。

バスルームのお湯がすぐ水になってしまうこと以外は、申し分のない部屋だった。

　奇跡的に開いていたレストランの入口には、私が持っている銀の鈴と同じかたちの聖母マリアが描かれていた。赤ん坊を連れた地元の若い夫婦が食事に来ていたので、また演奏タイムとなった。ベビーカーから身を乗り出すようにして「ジングルベル」を聴いていた彼にとって、人生最初のサックスの音だったに違いない。

7日目 マンシージャ・デ・ラス・ムーラス→レオン（18.1km）

　巡礼最終日。先を急ぐMiwakoとははぐれてしまったが、私は一歩一歩を愛おしむように歩いていた。行く手にはレオンの町が待っている。20年前の憧れとときめきが、胸によみがえってきた。巡礼の旅をくり返して、私は変わったのだろうか？ たとえばMiwakoのように、この世界の誰かを幸せにしているだろうか？

　遠くの方から、風に乗ってサックスの音色が聴こえてきた。「サンタが街にやってくる」だった。音を頼りに、ゆるやかな坂道を上っていくと、街角の小さな広場で、Miwakoが演奏していた。周りを巡礼仲間が取り巻いている。キムさんの姿もあった。拍手が沸き起こり、曲は「ザ・クリスマス・ソング」に変わった。すべての人の気持ちを温かくする、素晴らしい演奏だった。

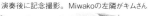

演奏後に記念撮影。Miwakoの左隣がキムさん

夕暮れに向かうレオン大聖堂

レオンを発つ日の朝、キムさんとロベルトにカフェで偶然再会。彼らの良き旅を祈った

＊　　＊　　＊

どこまでも天高くそびえる大聖堂を眺めながら、私はレオン名産のロゼワインを飲んでいた。3年前の取材で訪れたバルだった。お通しはあのときと同じ生ハムとチーズで、私の分までおいしそうにほおばっていた彩ちゃんを思い出した。夜ごとワインを飲んで盛り上がっていた井島氏と鳥居さんの顔も浮かんできた。

有名なレオンのパラドールでMiwakoをねぎらいたかったが、あいにく改修工事のため、来年の秋まで休業中だった。代わりに選んだのが、修道院ホテルのオスペデリア・モナスティカ・パックスだ。バスタブのある高級ホテルだったが、ホテルライフを楽しむ間もなく、Miwakoは大聖堂前の広場で演奏するため出かけていった。

もう4時間もサックスとフルートを吹き続けている。そんな彼女を、大きなクリスマスツリーのモニュメントが見守っていた。日が落ちてツリーに明かりが灯り、そろそろ手がかじかむ頃だ。3杯目のロゼワインを飲み干し、私は彼女を迎えに行った。

開いた楽器ケースの中には、コインが山となっていた。10ユーロや20ユーロのお札も交じっている。私は胴元よろしくお金を集めて布袋に入れた。これで今夜の飲み代は十分だ。ヨーロッパの童話に出てくる悪者になった気分だったが、そんな私に、「玲子ちゃん、スペインに連れてきてくれてありがとうね」と、幼なじみは言ったのだった。

＊　　＊　　＊

冬のカミーノを、私はまた歩きたいと思う。Miwakoはあれから、巡礼をテーマにした曲をたくさん作ってレコーディングした。私のお気に入りは「冬のカリヨン」という曲だ。今までに失ってしまったいくつかのことと、サンティアゴの道で見つけたいくつもの宝物のことを、この曲とともに、私はいつでも思い出すことができる。

筆者とMiwakoのサンティアゴ巡礼の模様は、熊野古道女子部のYouTubeチャンネルで公開されています。

熊野古道女子部　YouTube

「2つの道の巡礼者」になろう！

～サンティアゴ巡礼の道と熊野古道～

世界で2つしかない、数百キロに及ぶ「道」の世界遺産——その1つがサンティアゴ巡礼の道、そしてもう1つが日本の熊野古道だ。2つの道は1998年に姉妹道となっている。2014年にサンティアゴ・デ・コンポステーラ市と、和歌山県田辺市との間に観光交流協定が結ばれ、翌年から「共通巡礼」の取り組みがスタート。世界各国からの巡礼者の間で人気となっている。「2つの道の巡礼者（デュアル・ピルグリム Dual pilgrim）」すなわち、サンティアゴと熊野の共通巡礼を達成した人には、ホタテ貝と八咫烏をあしらった限定ピンバッジが贈呈され、サンティアゴ市観光局の専用ウェブサイトで紹介される。

※2024年3月現在、達成者は延べ5724人で、そのうち日本人は1424人

ホタテと八咫烏が仲良く並ぶ、共通巡礼の認定印（上）とバッジ

💠 共通巡礼達成の条件

■サンティアゴ巡礼の道

下記のいずれか1つを達成すること

- 徒歩または馬で少なくとも最後の100km以上を巡礼
- 自転車で少なくとも最後の200km以上を巡礼

巡礼者を迎える聖地サンティアゴの大聖堂。共通巡礼はどちらの道を先に歩いてもOK

■熊野古道

下記のいずれか1つを達成すること

- 徒歩で滝尻王子から熊野本宮大社まで（38km）を巡礼
- 徒歩で熊野那智大社～熊野本宮大社間（30km）を巡礼
- 徒歩で高野山から熊野本宮大社まで（70km）を巡礼
- 徒歩で発心門王子から熊野本宮大社まで（7km）を巡礼するとともに、熊野速玉大社と熊野那智大社に参詣

※熊野古道の巡礼は徒歩に限られ、自転車や馬での巡礼はできない

熊野古道の巡礼のゴールは熊野本宮大社。共通巡礼達成者は、特別に拝殿横の神聖な和太鼓をたたくことが許される

共通巡礼手帳について

共通巡礼手帳は、片面はサンティアゴ巡礼の道、もう片面は熊野古道のスタンプ台紙となっていて、それぞれの道でスタンプを押していく。大聖堂が認めた公式の巡礼手帳であり、英語・日本語・スペイン語が併記されている。スペインではサンティアゴ市観光局、日本国内では田辺市役所観光振興課、田辺市観光センター、熊野古道館、世界遺産熊野本宮館などで無料で手に入る。詳しくは下記HPを参照。

熊野古道のスタンプは外国人巡礼者から「デザインがクール!」と大人気

共通巡礼の登録をするには

2つ目の巡礼を終了した地点（サンティアゴ市または田辺市）の下記施設にて、「2つの道の巡礼者」登録を行う。郵送・メール等での手続きはできない。手続きには15分程度かかるため、時間には余裕を持って。

◆サンティアゴ・デ・コンポステーラ市観光局

Turismo de Santiago Information Center
住所：Rua do Vilar 63, Santiago de Compostela, Galicia,Spain
電話：+34-981-555-129
営業時間（年中無休）：5月〜10月および復活祭（セマナ・サンタ）は9:00〜19:00
11月〜4月は10:00〜18:00
http://www.santiagoturismo.com/

◆世界遺産 熊野本宮館（熊野本宮大社近く）

住所：和歌山県田辺市本宮町本宮100-1
電話：0735-42-0751
営業時間（年中無休）：9:00〜17:00

◆田辺市観光センター（JR紀伊田辺駅の横）

住所：和歌山県田辺市湊1-20
電話：0739-34-5599
営業時間（年中無休）：9:00〜18:00
＜詳細および問い合わせ先＞
田辺市役所観光振興課　TEL：0739-26-9929
田辺市熊野ツーリズムビューロー　TEL：0739-26-9025
http://www.tb-kumano.jp/kumanokodo/dualpilgrim/

サンティアゴ市観光局インフォメーションセンターにて、局長のフラビアさん。共通巡礼の登録はここで!

2つの道からのメッセージ

　宗教や国籍を超えて、世界中の人々がさまざまな思いをのせて歩く2つの道。共通巡礼のプロジェクトを支える方々からメッセージをいただいた。

サンティアゴ・デ・コンポステーラ市観光局長
フラビア・ラミル・ミジャレンゴ氏

　日本の皆様こんにちは、サンティアゴ市観光局のフラビアです。ビラール通りにある私たちのインフォメーションセンターでは、巡礼にまつわるサポートはもちろん、サンティアゴ市でのさまざまな観光情報を提供しています。田辺市との協力により「共通巡礼手帳」のプロジェクトをスタートさせて以来、2つの巡礼道の交流はさらに盛んになりました。

　私自身、熊野古道は何度も歩きました。熊野の御朱印帳は私の宝物です。日本という国自体が素晴らしい観光地だと思いますが、日本の起源ともいえる熊野の魅力は、最初に訪れて以来、私を魅了してやみません。何年かかっても構いませんから、東西の世界遺産である熊野古道とサンティアゴ巡礼道を、ぜひ歩いてみてください。（翻訳：塩澤恵氏）

田辺市市長
真砂充敏氏
（まなご　みつ　とし）

　世界に2つしかない数百キロにも及ぶ「道」の世界遺産。それがサンティアゴ巡礼道と熊野古道であることに、誇りと喜び、そして大きな責任と使命を感じています。田辺市では、熊野古道の世界遺産登録10周年を機に、サンティアゴ市と共同で「2つの道の共通巡礼手帳」をはじめ、多くの取り組みを行っています。おかげさまで日本でも海外でも、共通巡礼を達成された方は増え続け、「道」が国という枠を越えて世界中の人々をつなげていることは、うれしい限りです。

　私自身、熊野古道がある中辺路で生まれ育ちました。神代から続く聖なる道を歩くことで、思いがけない出会いがあり、自分自身を見つめ直すことによって世を知り、そして次の一歩へとつなげてきました。これから人生の旅に出る若い方も、これまでの歩みを振り返り新たな出発をしたい方も、ぜひ共通巡礼にチャレンジして、「道」の力に触れていただきたいと思っております。

　真砂市長は熊野古道のエキスパート！サンティアゴ市副市長の来日時も、自らガイドとなって山道を案内した

熊野本宮大社
九鬼家隆宮司
（く　き　いえ　たか）

　私がスペインのサンティアゴ・デ・コンポステーラを訪れたのは、田辺市との観光交流協定が結ばれた2014年の5月のことでした。大聖堂へと続くさまざまな道程は、熊野へ続く古道、またその先にある熊野三山を彷彿とさせるものであり、さらには巡礼道を歩く人々の姿も、古より連綿と受け継がれてきた熊野詣の光景と共通していると感じました。

　この2つの道の世界遺産は現在、姉妹道の提携をしており、両方を踏破される方も増え、熊野にも世界各国から、古道を歩く方々がお越しになられています。これらの文化を後生に伝えていくため、これからの世界を担う人たちにサンティアゴ、そして熊野を訪れていただき、その場所の空気を感じながら歩くことにより、さまざまな想いを馳せていただけましたらと存じます。

田辺市熊野ツーリズムビューロー会長
多田稔子氏
（た　だ　のり　こ）

　サンティアゴ・デ・コンポステーラの印象はと聞かれたら、ためらわず「居心地のいい街」と答えます。はじめて訪れたとき、出会う人たちは言葉も肌の色もさまざまで、日本人は数えるほどでした。しかし、アジアの東端から来た私が違和感を覚えることは一度もなく、ここがヨーロッパ大陸の西の端だと意識することはありませんでした。この雰囲気は熊野に相通じるものがある──直感的にそう思いました。

　数年後、私の直感が正しかったことを証明する日が来ました。田辺市との観光交流協定が結ばれたその日、「ここサンティアゴには寛容性があります」というサンティアゴ市長の言葉を、はるかに超える光景を目にしたのです。

　大聖堂の中央祭壇で披露された、熊野本宮大社の男舞。八咫烏の神紋入りの装束が舞う様に、「夢の中にいるのでは？」と何度も何度も天井を見上げました。頭上にはボタフメイロが吊り下がり、ここは間違いなくサンティアゴ……！ 1万キロ以上離れた2つの聖地が、奇跡的に交わった瞬間でした。熊野もまた、古来より浄不浄・信不信さえ問わず人々を受け入れてきました。「似ているというより同じだ」隣でこうつぶやいたのは熊野本宮大社九鬼宮司でした。

2つの道がテーマのお守り

　片面に熊野古道の八咫烏、もう片面にサンティアゴのホタテ貝が描かれた本宮大社の「和の守」は2016年9月に授与開始された。2つの道のつながりによって、日本とスペインのみならず、世界の人々が和合するようにという祈りが込められている。デザインは、人気漫画『ジョジョの奇妙な冒険』で知られる荒木飛呂彦氏。

＜荒木飛呂彦氏コメント＞

このたび光栄にもデザインをさせていただいた熊野本宮大社のお守りには、心を決めて何かに立ち向かうとき、また志半ばで道に迷ったとき、勇気が出るようにという思いを込めました。旅に出るときや、恋や仕事で闘いを挑むときなどにも、お持ちいただければと思っています。

飲んだり食べたり迷ったり…!?
ヤタガラスの巡礼日記
Yatagarasu en Camino de Santiago

東西2つの道の神様の縁あって、今回の取材旅行には、世界遺産熊野本宮館・元館長の鳥居泰治氏が加わることになった。熊野のヤタガラスの化身（かもしれない）鳥居さんに私たちは、とんでもない苦労をさせてしまうことになるのだが……。鳥居氏の巡礼日記を抜粋して紹介しよう。

◆ ◆ ◆ ◆ ◆ ◆ ◆ ◆

思いがけない旅がスタート

サンティアゴ巡礼道の取材旅行へのお誘いを受けたのは、早期退職の日を間近にした2016年3月半ばのこと。2年前、田辺市長に随行してサンティアゴ市を訪れて以来、「退職したら一度は歩きたい」と思っていたが、まさか退職1カ月後に実現することになろうとは……熊野の神々のご加護か、はたまた聖ヤコブ様のお導きか。

取材チームのメンバーは、作家兼プロデューサーの髙森さん、アシスタントの彩ちゃん、そして写真家の井島氏。人生2度目の海外旅行で、食事も言葉も不安だったが、「私たちがサポートしますから！」と皆さんの力強いお言葉。約1カ月もの海外行きに大反対していた妻や3人の娘たちも、最後は応援してくれた。

ピレネー山脈を越えスペイン北部を横切る「フランス人の道」は、中世の王様や騎士たちも歩いた道。熊野でいうところの、古（いにしえ）の上皇や法皇が参詣した「中辺路（なかへち）」と重なる気がして、親近感さえある。おそろ

サン＝ジャンに向かう列車で準備万端！

いのヤタガラスTシャツに、熊野本宮特産の皆地笠（みなちがさ）をかぶって歩くのは、彩ちゃんの提案だ。髙森さんは最初、笠には難色を示していたが、「意外に軽くて快適かも？」とつぶやいている。

サン＝ジャン＝ピエ＝ド＝ポーの巡礼事務所には、巡礼手帳をもらう人の長い列。予定距離、宗教、国籍等々の申請書を手渡され、ふと見ると最前列の人は担当者と会話のやり取りをしている。う〜んヤバい！語学力のある者にとっては簡単な質問のようだが、私は申請書を見た途端に、「はぁ英語？ フランス語？ スペイン語？」──彩ちゃんに助けてもらい、どうにかこうにかゲット。こうして、熊野から持参した共通巡礼手帳と、サン＝ジャンの巡礼手帳の2つを携え、巡礼の旅が始まった。

まだまだ元気です（笑）

巡礼1日目はいきなりピレネー越え。おまけに朝からあいにくの雨模様。でも山歩きの装備も雨具もバッチリだったため、快適に歩くことができた。壮大な山並みは、「サンティアゴ巡礼に来た〜」と叫びたくなるような素晴らしさで、この景色を見るためだけに、もう一度戻ってきたいと思う。

泊まりはヘミングウェイゆかりのオスタル・ブルゲーテ。無口でちょっとコワモテなご主人が食堂で私を手招きし、黙ってピアノの鍵盤の上面を指差す。と、そこにはヘミングウェイのサインが！もう大興奮して、井島氏と二人で写真を撮りまくった。

実はやさしい人でした

観光地としての見どころが目白押しのフランス人の道でも、特に前半は、牛追い祭りで有名なパンプローナ、プエンテ・ラ・レイナの王妃の橋、ワインの泉、ログローニョでバル三昧（ざんまい）……と熊野の山奥から来た身にとっては目からウロコの毎日。熊野に帰れば、得意な顔をして観光関係者に語ることができる（笑）。さらに今回は取材旅

行なので、ただ歩くだけでなく、町ごとに撮影をしながら移動する。思ったよりもかなり忙しい。

イラーチェのワインの泉で満面の笑みの井島氏

ログローニョのボタス屋のご主人と修行中のお嬢さん

ヘミングウェイで盛り上がって以来、井島氏とはすっかり打ち解け、にわかアシスタントのごとくレフ板（の代わりの白ナプキン）を持ったり、撮影後にはバルで飲みながらお互いの家族の話をしたり。

すっかり旅慣れた様子で、バルのカウンターでコルタードを注文する姿を見たら、うちの娘たちはなんと言うだろうか……。

最初はあれこれ世話を焼いてくれた髙森さんと彩ちゃんも、3日目くらいからは完全放置だ（笑）。「コルタード（エスプレッソにミルク少々）」「セルベッサ（ビール）」「ティント（赤ワイン）」以外のボキャブラリーも、日を追うごとに少しずつ増えていき、何の問題もなく旅は続いていくかに思えたが、それは大きな間違いだった。
（中略）

まさかの一人歩きも、最初は順調に…

巡礼の旅もいよいよ後半戦に入り、サンティアゴまであと200kmのビジャフランカ・デル・ビエルソの町に到着。古道歩きを長年仕事にしてきた私が、不覚にも右足にマメをつくってしまった。しかし折角ここ

まで来て、リタイアするわけにはいかない。有名な許しの門の前で、「無事に大聖堂までたどり着けますように」と祈った。

この先は大きな観光名所などもなく、ひたすら山道と田舎道が続くらしい。取材チームはラスト200kmをじっくり撮影しながら進むため、なんと全員別行動。朝、出発してから、その日の宿で合流するまで、完全に一人歩きとなる。語学力、足のマメ、黄色い矢印を見失う不安などより、私にとっての大問題は、巡礼道沿いの集落に必ずいる「放し飼いの犬」だった。

私はイヌ年生まれだが、子供の頃から犬が大の苦手。巡礼道がこんなに犬だらけなんて、誰も教えてくれなかった……とヤコブ様につい恨み言。しかし想定外のことが起こるのがカミーノだというのは、これまでの道中で学習済みだ。

一人歩き初日は、ビジャフランカからラス・エレリーアスまでの約20km。多くの巡礼者が歩いているので、道に迷うことはない、と思いながらも緊張気味。とにかく一歩一歩前に進むしかないと無心に歩き、取材チームと合流したのが午後3時。ベガ・デ・バルカルセのバルで、巡礼メヌーの昼食。オランダ人の女性巡礼者が話しかけてきて、皆地笠に興味津々。「クマノカミーノにもぜひ行ってみたい」と言うので新品の共通巡礼手帳を進呈した。

一人歩き2日目は、セブレイロ峠までの8.3kmの急峻（きゅうしゅん）な登り。距離は短いが、ピレネー越え以来の険しい山道だ。頂上のオ・セブレイロ村は観光コースになっているらしく、バスで来たツアー客が散策中。歩いて峠を越えた自分が、なんだかカッコよく思える。（笑）

同じ頃、ヤタガラスTシャツを着てバルで食事していた髙森さんは、「なんで足が3本なの!?」と好奇心いっぱいの地元のオバチャンたちに囲まれ、質問攻めにあっていた。

熊野三山手ぬぐいを進呈

3日目は、トリアカステーラまでの約20km。平和なガリシアの村々を、放し飼いのバカでかい犬を避けながら黙々と歩く。狭い巡礼道で、前から大きな牛の群れが向かってきたので、あわてて端によけて待つ。くわえ煙草のオジサンが、鐘と細長いムチを持ち、牛たちを誘導している。牧畜が盛んなこの辺りでは、巡礼道は牛と人のための生活道路なのだ。熊野古道もまた、山の集落同士を結ぶ生活道路であることを思いながら歩き始めると、道幅いっぱいに牛の糞（ふん）だらけ。踏まずに歩くことは到底無理だ。これが熊野古道だったら、おそらく観光局に苦情の嵐に違いない。

熊野古道でまた会える日まで！

巡礼道では牛が優先

途中のバルで、初めて犬をなでてみた

4日目は、トリアカステーラからサリアまでの18km。わりと平坦な田舎道で、今日は楽勝——と思ったら、サリアの新市街に入ってからがクセモノだった。ペンシオン・オ・カミーノはわかりやすい場所にあると聞いていたが、誰に尋ねてもそんな宿は知らないという。

いつしか巡礼道をそれ、焦りと不安の中で迷子になった私を、地元の親切な女性が道案内してくれた。見ると、そこは旧市街の巡礼グッズ店の3階で、これはかなり難易度が高いのではないか？ 取材チームと一緒のときは気づかなかったが、そもそも私が渡された日程表には、その日に泊まる町と宿の名前があるだけで、住所も電話番号も書かれていない。日本でいうと、「今夜は大阪市の○○ホテルに集合。以上」といったとこかなぁ？ まぁ、こんなことは今日だけと思い、あまり気にしていなかったが、数日後にもっと大変な目にあう。
（中略）

一人歩き6日目は、25km歩いてパラス・デ・レイという町まで。陽気なアルゼンチン人巡礼者に話しかけられたので、「ハポン・キャンデー」といいながら日本の飴を渡した。再び歩きだすと、今度は若いお兄

この学生さんとはサンティアゴの手前で再会した

ちゃんが、「日本の方ですか？」と声をかけてきた。世界旅行中の関西の学生さんで、1日40キロも歩いているという。懐かしい日本の飴に大感激されたので、ひと袋全部を進呈。熊野での再会を約束して別れた。なんだか元気が湧いてきて、足の痛みもしばし忘れた。

今日は人と触れ合うことが多い日だ。皆さんと待ち合わせのレストランの前では、フランス人4人組に遭遇。皆地笠に興味を示して話しかけてきたので（たぶんフランス語）、笠の仕組みや熊野古道、そして共通巡礼について説明した（英語まじりの和歌山弁）。そんな私の姿を、取材チームはお店のガラス越しに見守り、誰も助けには来なかった。「何語でしゃべってたんですか？」と後でみんなに不思議がられた。

めっちゃ通じてる〜

カサ・ミリア事件

さて、サンティアゴまで残すところあと3日の、一人歩き7日目に訪れた最大の苦難が、「カサ・ミリア事件」だ。パラス・デ・レイからカスタニェーダまでの22.7km。初めての本格的な雨で、疲れと足の痛みで気が乗らないまま黙々と歩く。途中、プルポ（タコのガリシア風）で有名なメリデの町で皆さんと合流し、取材を兼ねて昼食。

いつもは巡礼メニューのハウスワインだが、

「今日はいいやつを開けましょう」と髙森さんが言って、アルバリーニョの白に、リオハの赤。ついつい多めに飲んでほろ酔い気分。「あと6kmくらい楽勝楽勝」とグラスを重ねたが、この安易な考えが甘かった。

うっとりするほど美味

　メリデから行けども行けども、カスタニェーダに着かない。雨はどしゃ降りとなり、皆地笠のおかげで上半身は濡れないが、道を滝のように水が流れて足はずぶ濡れ。1つ手前のボエンテの教会でスタンプを押し、坂を上ってようやく村に到着。
　カスタニェーダは日本人がめったに泊まらない村だが、スペインの巡礼専門旅行社Marly Caminoで、隠れ家民宿「カサ・ミリア」を勧められたのだ。小さな村だから簡単に探せると思いきや、なかなか見つからない。
　日は落ちてくるし雨はやまない。こんな田舎町で迷子……？　いつしか巡礼道をそれて民家が並ぶ通りに来てしまった。立っていた老人に駆け寄り、「カサ・ミリア？」（発音は大丈夫か？）。すると老人は町の端まで私を連れて行き、遠くに見える村を指差した。ゆうに2kmはある。さすがに気が滅入り、私の言葉は本当に通じているのか、もし間違っていたら、またここまで戻るのか……などと目まぐるしく考えながら、親切な老人に礼を言い、車がビュンビュン通る国道をひたすら歩いた。

　私を見てクラクションを鳴らすのは巡礼者への励ましかもしれないが、「止まって！乗せて！」と思っても言葉がわからんし、止まってくれるようなスピードでもない。

　泣きそうな気持ちで歩いていると、村の入り口に白い建物が見えてきた。「あれかもしれない」と痛い足をかばいながら近づいてみると、ただの廃屋だった。もう一歩も歩けんし、さっきの集落に戻る気力もなく、しばらく呆然と立ちつくした。
　自我を捨て運を天にまかせるとは、まさにこういう瞬間なのかもしれない──雨が少し小降りになって、近くの畑にオジサンが出てきた。すがる思いで、「カサ・ミリア！　カサ・ミリア！」と叫ぶと、オジサンは黙って向かいの建物を指差した。
　おお〜、ついに到着だ！　このタイミングで出てきてくれたオジサンと、熊野の神々とヤコブ様に心から感謝しつつ、ボロボロの姿でチェックイン。見上げると、空には美しい虹がかかっていた。

この看板に気づいてさえいれば…

料理自慢の女主人。笠が似合っている

　ちなみに、私の後に続いた取材チームも、もれなく同じような目にあった。畑を横切る長い農道で力尽きた彩ちゃんは、髙森さんに救出されて宿にたどり着き、朝ま

でベッドに倒れ込んでいた。一番スムーズだったのは井島氏で、巡礼道沿いに宿の小さな看板を発見し、最短コースで到着。ちょっとイエス様に似た井島氏は、やはり只者（ただもの）ではないのかもしれない。

苦労の末にたどり着いたカサ・ミリアは、料理もワインも絶品の、まさに天国のような宿だった。ここで私は、長年の天敵であった犬と和解した。翌朝、宿の白い小犬を抱き上げる姿をFacebookにアップしたら、「お父ちゃん、歩きすぎて頭おかしくなったんとちゃう？」と末娘からメールが来た。「帰ったら犬を飼うから、名前考えとけや」と返信したが、これはもちろんウソである。

旅支度を小犬がじっと見守る

道中最大の苦難と、犬嫌いを克服した私の足取りは軽かった。すっかり見慣れたガリシアの林道や石積みの家々、牛の糞でいっぱいの田舎道でさえも輝いている。修復中の農家の前で、大工さんが、「ヘイ」と声をかけてきた。振り向くと、自分の汚い帽子を振って、私の笠と替えてほしいという仕草（笑）。さらに歩いていくと、バルのテラスから、「ヘイ、ハポン！」と呼びかけられる。今日はよく声をかけられるなぁと目をやると、ここ数日よく見かけるスペイン人のグループだった。井島氏が仲良くなっ

たと話していたっけ。リーダー格の青年が、「ここへ来て一緒にビールを飲もう。おまえの仲間のタケシと、俺たち友達だから」とガリシアビールを手渡してくれた。お礼に飴をあげて、みんなで記念撮影。

忘れられない1枚

彼らと別れて、歩き始めた途端、なぜか涙が出てきた。長い旅の間に出会った人たち、助けてくれた人たちの顔が、次々に浮かんでくる。同時に、はるばる熊野に来てくれた人たちに、もっと声をかけたり、ささやかでも心に残るもてなしをしたいという思いが、静かに湧き上がってきた。そのことを、ヤコブ様の大聖堂で誓おうと決めて、2年ぶりのサンティアゴ・デ・コンポステーラに向かい再び歩き出した。

ともに中世に起源を有する、サンティアゴ巡礼道と熊野古道。この2つの巡礼道が、今後も人々の癒しや心のよりどころとして、世界中の巡礼者を迎え入れ、祈りの聖地として栄えますようにと祈念して筆をおきます。拙い（つたない）文章を読んでいただき、ありがとうございました。

熊野本宮にて　　鳥居泰治

あとがき

　聖地で感動のフィナーレを迎えた私
たちの旅には、実は後日談がある。最
後の夜にみんなでバルに繰り出す途
中、大聖堂の真ん前で、私のサンダル
の鼻緒が音を立てて切れた。そして翌日、いくつものアクシデントが重なって、マドリッ
ド行きの最終列車に乗り遅れたのだ。これまで数々の失礼や不手際にも怒らなかった
鳥居氏が、難しい顔で腕組みをしている。さすがに勘弁ならんという思いなのだろう。
恐る恐る話しかけると、鳥居氏はこわい顔のままつぶやいた。

「ヤコブ様が……もう1泊せえちゅうことやな」

　サンティアゴのマヌエル・オレイロ氏と塩澤恵さんのご厚意で、私たちは修道院風の
ホテルに泊めていただき、思いがけず貴重な体験をすることができた。本当にすべて
の出来事には意味があるということを、サンティアゴへの道は改めて教えてくれる。

　心や体を癒す手段はこの世に数多くあるが、私たちの中心の、一番深いところにあ
る魂を癒すというのは、とても難しいし時間もかかる。実際に何百キロも歩けば、心が
折れることもあるし、体のほうはひどい日焼けに傷にマメ、そして筋肉痛と、癒しとは
程遠い姿で帰国することになるが、それでも魂は確実に癒されている。

　たとえラスト100kmだけでも、聖地へと続く道は人生に蘇りの力をくれる。本書が
そんなサンティアゴ巡礼の旅へのきっかけとなれば幸いだ。本書の出版に際しては、
スペイン大使館、サンティアゴ市観光局、和歌山県田辺市の皆様など、多くの方々に尽
力いただいた。この場を借りて心から御礼申し上げたい。

皆様のよき旅を祈って。　　髙森玲子

Profile

髙森玲子（たかもり れいこ）

1969年富山県生まれ。東京大学教養学部国際関係論分科を卒業後、出版社に勤務
し、占いや精神世界ジャンルのヒット作を多く手がける。また聖地への旅を紹介する
Spitravel シリーズの編者として、アメリカのセドナやハワイ、イスラエル、スリランカ
など世界各地を取材。現在は東京と熊野、セドナのオフィスを行き来しながら、執筆や
講演、旅のプロデュースなどを行っている。編著に『聖地セドナパーフェクトガイド』、
『アーユルヴェーダの聖地 スリランカ癒しの旅』（岩瀬幸代監修）、『聖地を歩く・食
べる・遊ぶ セドナ最新ガイド』、『熊野古道巡礼の旅 よみがえりの聖地へ！』など。
2017年に田辺市の協力のもと「熊野古道女子部」を設立。YouTube の熊野古道女子
部チャンネルでは、サンティアゴと熊野の巡礼ドキュメンタリーも公開している。

熊野古道女子部 公式HP　https://www.kiilife.jp/agara/kumanogirl/

熊野古道女子部
Instagram

写真撮影	井島健至
執筆協力	露木彩、鳥居泰治
カバーデザイン	こやまたかこ
本文イラスト	佳矢乃
本文デザイン	鈴木由華
	田中玲子（ムーブエイト）
DTP	若松隆（And D）
校正	田代敦子
企画制作	（株）オフィス髙森
編集担当	磯部祥行（実業之日本社）

取材協力

スペイン大使館、サンティアゴ市観光局、ガリシア州観光局、田辺市熊野ツーリズムビューロー、田辺市、和歌山県、Viajes Viloria、Marly Camino、イベロ・ジャパン、スペインクラブ

Special Thanks

Santiago Herrero Amigo、Manuel Oreiro Romar、Samantha Sacchi Muci、Elizabeth Giraldo、David Granda & Friends、Taeko Hoshikawa
角川紀子、三上優、市川奈緒子、赤阪友昭、大塚陽子、山田奈緒子、常田諭史、植野めぐみ、塩澤恵、中谷光月子、中嶋美紀、名渕敬、小竹治安、三石字、日根かかり、越智元、Miwaku

各施設や交通機関の対応などが大きく変わっている可能性があります。必ず事前にご確認の上、ご利用くださいますようお願いいたします。

スペイン サンティアゴ巡礼の道 新装版
聖地をめざす旅

2020年11月9日　初版第1刷発行
2024年3月27日　初版第2刷発行

著　者　髙森玲子
発行者　岩野裕一
発行所　株式会社実業之日本社
　　　　〒107-0062 東京都港区南青山6-6-22 emergence 2
　　　　【編集部】03-6809-0452　【販売部】03-6809-0495
　　　　https://www.j-n.co.jp/
印刷・製本　大日本印刷株式会社

話題の聖地 セドナの楽しみ方のすべてを紹介！
聖地を歩く・食べる・遊ぶ

セドナ最新ガイド

Spitravel 編

本体価格 1500円＋税
ISBN 978-4-408-11136-0

伝統的なカフェから個性派まで
72店の最新情報

ウィーン 魅惑のカフェめぐり

Spitravel 編／ AyaTsuyuki 文

本体価格 1800円＋税
ISBN 978-4-408-11168-1

ゆるりと時が流れるスリランカの楽しみ方をガイド！
アーユルヴェーダの聖地

スリランカ癒しの旅

Spitravel 編／岩瀬幸代 監修

本体価格 1500円＋税
ISBN 978-4-408-11030-1

話題のパワースポット「聖地セドナ」の
詳細ガイドブック！

聖地セドナ パーフェクトガイド

Spitravel 編

本体価格 1500円＋税
ISBN 978-4-408-10900-8